JR's Railway Cars

日本 *JR*

鐵道車輛
全圖鑑

1 電車篇

原口隆行・編著
井上廣和・攝影

日本JR 鐵道車輛全圖鑑

H5 系 H1「隼

① 電車篇

885 系「海鷗號

E259 系「成田特快」

CONTENTS

JR's Railway Cars

② 氣動車篇

キハ 283 系「Super 大空號」

C61 型 20 號「SL Retro 碓冰號」

キハ 40 系「花嫁暖簾號」

如何閱讀本書

① 本書刊載名列 JR 旗下七社的所有車輛（貨車除外），並附照片及解說。

② 各車輛依車種、型號分門別類。電車另依供電方式，區分為直流式、交流式、直交流式之車款。

③ 針對新幹線等人氣特急車輛，均附有車輛照片及解說，並記載詳細的列車資訊，以及較具代表性的車廂編組。此外，車廂編組中，綠色區域代表綠色車廂，箭頭指向則代表列車的行駛方向。

④ 本書所刊載的車輛資訊，其運行所需時間與表定時速，原則上根據下行車輛中編號較小列次的數據，但亦有部分例外。

⑤ 書中刊載的車輛與相關資訊為 2017 年 9 月之內容。然而 JR 旗下各社或各地區的班次改點頻繁，所需時間和表定時速也會隨之變動。各位搭乘時，務必確認最新的時刻表。

⑥ 除了機車與貨車，所有車輛皆可歸類為某種「系」或「型」。「型」是指只有單一型號之車種，由多個「型號」構成的車輛則編組為「系」。針對「編組」的車廂節數，當車輛型號名稱為「型」時，就算只有 1 節編組，此型號名稱的列車也有可能是以多節車廂的方式運行。因此即使「編組」的節數為 1 節，照片中也有可能出現多節車廂編組。

⑦ 針對可駛入 JR 線的私鐵與第三部門鐵道車輛，本書也特別以專欄形式介紹鐵道迷感興趣的車款。

電車
Electric train

新幹線

500系

投入營運：1997年　編組：8節　供電方式：交流25000V
最高速度：300km/h（山陽新幹線區間）、285km/h（東海道新幹線區間）　特色：日本首款行駛時速達300km的車輛

JR西日本為了與逐漸在西日本以及九州地區抬頭的航空業抗衡，特別開發出縮短山陽新幹線區間行駛時間的車系，正是500系列車。

為求輕量化，500系車體以鋁合金打造，車體高度更比JR東海300系（已退役）低300mm，壓在3300mm。列車改採圓桶狀設計後，前端的傾斜車鼻甚至拉長為15m。

其後，由JR西日本與JR東海共同開發，最高速度285km的700系列車於1999年3月13日登場；再加上時速達300km的N700系，也在2007年投入營運，致使500系運行班次減少，目前僅有行駛於山陽新幹線區間，由8節編組的「回聲號」（こだま）。其中行駛全區間的班次也僅有2列次往返。

回聲號　JR西日本

山陽新幹線區間飛馳的「回聲號」

「回聲號」是在東海道新幹線通車的1964年10月1日投入營運。與僅停靠名古屋、京都的速達型「光速號」（ひかり）相比，回聲號屬於各站停靠的列車。在時代變遷下，300系「希望號」（のみ）登場，但「回聲號」仍繼續扮演著串聯每一站的角色，直至今日。

「回聲號」的主力車種為700系，500系目前僅行駛於山陽新幹線區間。

行駛區間：新大阪～博多等　行駛距離：622.3km（新大阪～博多）　所需時間：4小時20分鐘（731號）　列車班次：下行3列、上行3列　表定時速：143.6km（731號）

配合電視動畫推出的「500 TYPE EVA」，特定日期行駛。
（譯註：已於2018年5月13日結束行駛）

「回聲號」車廂編組

8號車	7號車	6號車	5號車	4號車	3號車	2號車	1號車
普通車	普通車	普通車	普通車	普通車	普通車	普通車	普通車
自由席	自由席	指定席	指定席	指定席	自由席	自由席	自由席

←新大阪　　　　　　　　　　　　　　　　博多→

弧狀的長車頭，深受不少鐵道迷喜愛

700系

投入營運：1999年　**編組**：16、8節　**供電方式**：交流25000V　**最高速度**：270km/h（東海道新幹線區間）、285km/h（山陽新幹線區間）

　　JR東海與JR西日本擷取來自300系（已退役）與500系列車的實績，共通開發出行駛於東京～博多區間的「希望號」，並且於1999年3月13日正式投入營運。

　　為減少氣流阻力，700系的前頭車採用很像鴨嘴獸嘴型的氣動流線（Aero Stream）設計，控制部分則採用可降低搖晃的半主動懸吊裝置，致力改善搭乘舒適性。

　　700系列車更搭載新開發的集電弓，改良主電動機，大幅降低噪音；車體重量比過去車種更輕，成功提升節能表現。與首款最高速度300km、山陽新幹線區間的500系列車相比，700系時速目標訂為285km。東海道區間的最高速度則為270km。

　　JR西日本亦自2000年3月11日起，於新大阪～博多區間投入了編制縮短為8節的「光速號鐵道之星」（ひかりレールスター）。700系是作為N700系設計藍本之車輛，雖然登場機會漸少，但仍大量使用在「希望號」（不定期）、「光速號」、「Hikar Rail Star」、「回聲號」中。

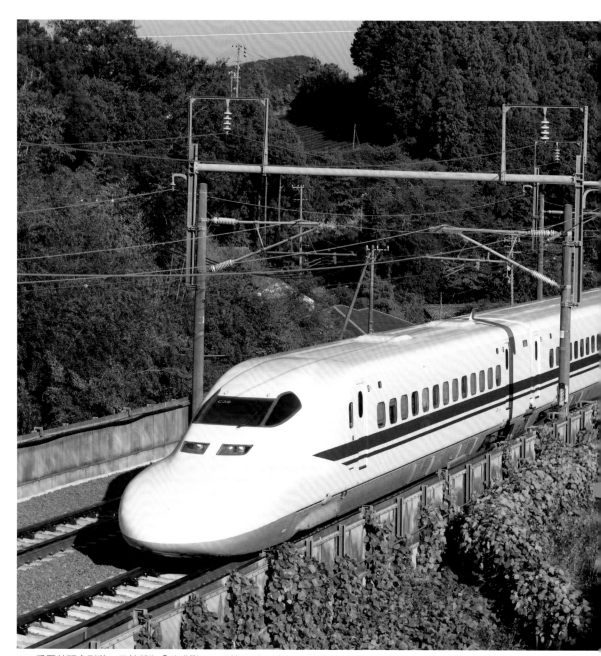

700系因前頭車形狀，又被稱為「鴨嘴獸」。C編組形式列車為JR東海所有

希望號 `JR 東海` `JR 西日本`

拱手讓位 N700系，屈居不定期列車

　　自國鐵時代起，東海道‧山陽新幹線便長時間投入使用100系的速達型「光速號」，以及各站停靠的「回聲號」。但國鐵解體民營化後，JR東海首度開發出最高速度為270km的300系（已退役），並於1992年3月14日投入「希望號」行駛於東海道新幹線。從一開始只有2列次往返，之後更投入山陽新幹線的營運，取代「光速號」躍升主力車款。目前700系雖然仍是主力列車，但旗下所有的「希望號」皆屬不定期列車。再者，由於N700系開始加速投入不定期列車，促使700系的露臉機會漸次減少。

JR西日本8節車廂編組的「光速號鐵道之星」，車體的黃色
線條令人印象深刻，正是使用700系的7000番台

「希望號」與「光速號」車廂編組（一例）

16號車	15號車	14號車	13號車	12號車	11號車	10號車	9號車	8號車	7號車	6號車	5號車	4號車	3號車	2號車	1號車
普通車	普通車	普通車	普通車	普通車	普通車	綠色車廂	綠色車廂	綠色車廂	普通車	普通車	普通車	普通車	普通車	普通車	普通車
指定席	指定席	指定席	指定席	指定席	指定席	指定席	指定席	指定席	指定席	指定席	自由席	自由席	自由席	自由席	自由席

東京　　　　　　　　　　　　　　　　　　　　　　　　　　　新大阪、博多→

光速號 `JR 東海` `JR 西日本`

僅保留數列行駛山陽新幹線

　　與「回聲號」同樣都是日本新幹線史上初次登場的列車。「光速號」在國鐵時代其實被設定為速達型列車，行駛東海道新幹線的東京～新大阪區間時，中途僅停靠名古屋和京都。但之後運用更為多元，再加上300系「希望號」逐漸受到重用，使「光速號」登場的機會愈變愈少。目前更幾被N700系取代，行駛於山陽新幹線的車次僅剩下行2列次、上行3列次。其中1列次的下行與2列次的上行為「光速號鐵道之星」（ひかりレールスター）。

行駛區間：新大阪～博多等　行駛距離：622.3km（新大阪～博多）　所需時間：3小時23分（441號）　列車班次：2列次往返（新大阪～博多）　表定時速：183.9km（441號）

回聲號 `JR 東海` `JR 西日本`

填補「希望號」與「光速號」持續奔馳

　　目前無論是東海道新幹線或山陽新幹線，仍投入大量的700系「回聲號」於全線或區間行駛，但並無東京～博多的直達列車。

行駛區間：東京～新大阪等　行駛距離：552.6km（東京～新大阪）　所需時間：3小時54分（637號）　列車班次：眾多　表定時速：141.7km（637號）

行駛區間：新大阪～博多等　行駛距離：622.3km　所需時間：4小時40分（733號）　列車班次：眾多　表定時速：133.4km（733號）

「回聲號」車廂編組（一例）

8號車	7號車	6號車	5號車	4號車	3號車	2號車	1號車
普通車	普通車	普通車	普通車	普通車	普通車	普通車	普通車
自由席	自由席	指定席	指定席	指定席	自由席	自由席	自由席

←新大阪　　　　　　　　　　　　　　　　　　　　　　博多→

N700系

投入營運：2007年　編組：16、8節　供電方式：交流25000V　最高速度：285km/h（東海道新幹線區間）、300km/h（山陽新幹線區間）、260km/h（JR九州新幹線區間）　特色：前頭車採流線雙翼設計（Aero Double Wing）

　JR東海與JR西日本為了汰換300系與500系，共同開發N700系車輛，並於2007年7月1日投入營運。東海道新幹線區間的最高速度原本設定為270km，但後來將三島～新大阪區間部分路段的最高速度拉至285km，使行駛時間得以縮短。山

陽新幹線區間的部分路段與500系同樣都是以時速300km行駛。

　前頭車採用「流線雙翼」的設計形狀，看似猛鷲的翅膀，車鼻更從原本700系的9.2m拉長至10.7m。與700系相比，N700系除了改善車窗與座位，更於廁所增設尿布更換台，多用途室也加裝嬰兒座椅。

　東海道‧山陽新幹線區間雖為16節車廂編組，但2011年3月12日投入九州新幹線的營運時，改採8節車廂編組。

　而後為淘汰700系車輛，更從2013年2月8日起投入N700A車輛。不僅改良煞車裝置、導入穩定行駛裝置，更將廁所與洗手台改採LED照明，令環境更為舒適。

　N700A的「A」代表「Advance」（進步）。車身側面標誌即寫有小小的「A」。

希望號　JR東海　JR西日本

東海道‧山陽新幹線的N700系王牌

　過去曾為主力車輛的700系「希望號」改作為不定期列車，目前已全數替換為N700系「A」型車種。

　「希望號」是國鐵解體民營化後，JR東海於1992年3月14日首度啟用的新幹線列車，而後更取代「光速號」，成為東海道‧山陽新幹線的重要存在，目前仍擔任連接東海道‧山陽新幹線大範圍區域的重責。所有的定期列車皆採N700系車輛。

行駛區間：東京～新大阪、岡山、廣島、博多等　行駛距離：552.6km（東京～新大阪）、1174.9km（東京～博多）　所需時間：4小時52分鐘（東京～博多1號）、2小時30分鐘（東京～新大阪201號）　列車班次：東京～博多下行30列、上行32列，東京～新大阪下行24列、上行17列　表定時速241.4km（1號）

JR東海的N700系1000番台G編組形式，車身上可看見大大的「A」標誌

光速號 [JR 東海] [JR 西日本]

填補「希望號」，奔馳東海道·山陽路段

與「回聲號」同樣都是日本新幹線史上初次登場的列車。「光速」在國鐵時代其實被設定為速達型列車，行駛於東海道新幹線東京～新大阪區間時，中途僅停靠名古屋和京都。但後來投入山陽新線的營運，運用更為多元。隨著 300 系「希望號」逐漸受到重，「光速號」登場的機會愈變愈少，目前幾乎都是採用 700 系與 700 系，主要往返於東京～新大阪與東京～岡山區間。

行駛區間：東京～新大阪、岡山等　行駛距離：552.6km（東京～新大阪）、732.9km（東京～岡山）　所需時間：3小時4分鐘（東京～新大阪501號）、4小時14分鐘（東京～岡山461號）　列車班次：東京～新大阪18列次往返，東京～岡山下行11列次往返　表定時速：180.2km（501號）、173.1km（461號）

JR西日本的N700系4000番台F編組形式列車

回聲號 [JR 東海] [JR 西日本]

衡接「希望號」與「光速號」的各站停靠列車

在東海道新幹線與山陽新幹線所有區間的列車中，N700系「回聲號」目前大量行駛於東京～新大阪，以及東京～名古屋等東道新幹線路段，但並沒有東京～博多的直達列車。

行駛區間：東京～新大阪、博多　列車班次：眾多

「希望號」與「光速號」車廂編組（一例）

16號車	15號車	14號車	13號車	12號車	11號車	10號車	9號車	8號車	7號車	6號車	5號車	4號車	3號車	2號車	1號車
普通車	普通車	普通車	普通車	普通車	普通車	綠色車廂	綠色車廂	綠色車廂	普通車	普通車	普通車	普通車	普通車	普通車	普通車
指定席	指定席	指定席	指定席	指定席	指定席	指定席	指定席	指定席	指定席	指定席	指定席	指定席	自由席	自由席	自由席

東京　　　　　　　　　　　　　　　　　　　　　　　　　　　　新大阪、博多→

櫻花號 JR西日本 JR九州

連接新大阪與博多、鹿兒島的各站停靠列車

　　2011年3月12日，九州新幹線的博多～鹿兒島中央路段全面通車之際，「櫻花號」（さくら）與「瑞穗號」同時亮相，連接起新大阪至博多、鹿兒島中央，同時也是山陽‧九州新幹線中，行駛於新大阪～鹿兒島中央區間，各站停靠的特急列車。行駛路段主要是新大阪～鹿兒島中央，早晚亦有區間列車。

行駛區間：新大阪～鹿兒島中央等　行駛距離：911.2km
所需時間：4小時19分鐘（541號）　列車班次：下行15
列、上行17列（新大阪～鹿兒島中央）　表定時速：211.1
km（541號）

行駛區間：博多～鹿兒島中央等　行駛距離：288.9km　所需
時間：1小時35分鐘（401號）　列車班次：下行4列、上行6
列（博多～鹿兒島中央）　表定時速：182.5km（401號）

瑞穗號 JR西日本 JR九州

連接新大阪與鹿兒島的速達列車

　　2011年3月12日，九州新幹線的博多～鹿兒島中央路段全面通車之際，連接起博多～鹿兒島中央的特急列車正是「瑞穗號」（みほ）。這個名字是直接沿用過去九州特急列車的暱稱。瑞穗號為速達型特急列車，停靠站縮減僅剩新大阪、新神戶、廣島、岡山、倉、博多、熊本、鹿兒島中央8站。目前共有5.5列次往返該區間。

行駛區間：新大阪～鹿兒島中央等　行駛距離：911.2k
所需時間：3小時46分鐘（601號）　列車班次：下行6列、上行5列
表定時速：241.9km（601號）

「櫻花號」與「瑞穗號」車廂編組（一例）

	8號車	7號車	6號車	5號車	4號車	3號車	2號車	1號車
	普通車	普通車	普通車	綠色車廂	普通車	普通車	普通車	普通車
	指定席	指定席	指定席	指定席	自由席	指定席	自由席	自由席

←新大阪　　　　　　　　　　　　　　　　博多、鹿兒島中央

JR西日本的N700系7000番台S編組形式列車

JR九州的N700系
8000番台R編組形式列車

800系

投入營運：2004年	編組：6節 供電方式：交流25000V
最高速度：260km/h	特色：JR九州首款新幹線用車輛

2004年3月13日，九州新幹線針對新八代～鹿兒島中央路段局部通車時，便是以800系作為「燕子號」的車輛。800系雖出

自JR九州之手，但製造過程中借助JR東海與JR西日本之力，以700系為基礎開發而成，不過列車的鼻頭沒有像700系那麼長。

九州新幹線先行投入新八代～鹿兒島中央路段的局部營運，並於2011年3月13日啟用博多～新八代區間，終於全線通車。但在此之前，JR九州其實便已經先導入改良車款「新800系」。改良後的列車終點顯示器採用3色LED顯示器。

編組採6節車廂，皆為普通車廂。座位配置採2+2人，寬敞舒適。車內風格以「和」為基調，使用九州產的木材打造而成。

燕子號 JR九州

沿用滿載歷史意義的暱稱「燕子」

燕子號沿用二次世界大戰期間，東海道本線啟用的超特急「燕子」列車之名，並且於2004年3月13日於九州新幹線部分通車時登場。全線通車後，主要使用在博多～熊本區間的各站停靠列車。編組6節車廂，未配置綠色車廂。

行駛區間：博多、熊本～鹿兒島中央等	行駛距離：118.4km
博多～熊本 所需時間：50分鐘（309號）	列車班次：博多～熊本下行23列、上行20列（另有多列行駛於博多～鹿兒島中央） 表定時速：142.1km（309號）	

櫻花號 JR九州

九州新幹線全線通車時問世

櫻花號是在九州新幹線全線通車時誕生，行駛於博多～鹿兒島中央，但列車主要使用8節車廂編組的N700系，因此800系較為少見。800系櫻花號與「燕子號」同為6節車廂，並未配置綠色車廂。

行駛區間：博多～鹿兒島中央	行駛距離：288.9km（博多～鹿兒島中央） 所需時間：1小時35分鐘（405號） 列車班次：博多～鹿兒島中央下行4列、上行3列（另有多列區間列車） 表定時速：182.5km（405號）	

「燕子號」與「櫻花號」車廂編組

6號車	5號車	4號車	3號車	2號車	1號車
普通車	普通車	普通車	普通車	普通車	普通車
指定席	指定席	指定席	自由席	自由席	自由席

←博多　　　　　　　　　　　　　　熊本、鹿兒島中央→

00系2000番台列車，車窗下方有著紅色線條

E2系

投入營運：1997年　編組：10節　供電方式：交流25000V
最高速度：275km/h（東北新幹線區間）、260km/h（北陸新幹線區間）、240km/h（上越新幹線區間）　特色：JR東日本的標準型新幹線車輛

　　E2系車輛是為了投入1997年10月1日通車的北陸新幹線高崎～長野路段（當時稱為長野行新幹線），以及替換東北・上越新幹線於國鐵時代的200系列車所開發。此款車輛更被設定為JR東日本的標準型新幹線車輛。

　　由於秋田新幹線E3系預計於同年3月22日通車，為了使兩系列車輛可混編運行，東北新幹線車輛設有分割合體裝置，北陸用列車採J編組，東北用列車則為N編組。

　　為求輕量化，車體以鋁合金打造，車體高度則壓在3700㎜。為了降低車輛進入隧道時的噪音，駕駛室的地面設計也統一與各艙等高。

　　持續汰換初期車輛後，N編組列車已於2017年3月31日全面結束營運，正式從北陸新幹線退役。

山彥號　JR東日本

跨越東京與仙台的主力列車

　　1982年6月23日，東北新幹線開始在大宮～盛岡部分通車時，最先投入該區段營運的列車便是「山彥號」（やまびこ）。目前常見行駛於東京～仙台、盛岡的特急列車。

行駛區間：東京～仙台、盛岡　行駛距離：351.8km（東京～仙台）、535.3km（東京～盛岡）　所需時間：2小時21分鐘（東京～仙台201號）、3小時15分鐘（東京～盛岡41號）　列車班次：下行22列、上行21列次（東京～仙台）　表定時速：149.7km（201號）、164.7km（41號）

疾風號　JR東日本

東北新幹線延伸至八戶時即登場

　　「疾風號」（はやて）是在2002年12月1日，東北新幹線延至八戶時登場的列車。其中，E2系「疾風號」列次分別為下行、上行2列。E5／H5系「疾風號」則是2列次往返。「疾風號」為全車指定席。

行駛區間：東京～盛岡　行駛距離：535.3km　所需時間：小時55分鐘（111號）　列車班次：下行3列、上行2列次　表定時速：183.5km（111號）

上越新幹線E2系「朱鷺號」列車

那須野號 JR 東日本

連接東京與郡山的區間列車

「那須野號」（なすの）如同其名，是行駛於那須地區與東京的短距離特急列車。列車名稱源自於「那須野原」。1995年12月1日起點後開始運行，主要是為了因應通勤運輸，因此部分列車會於假日停駛。

行駛區間：東京～那須鹽原、郡山等　行駛距離：157.8 km
東京～那須鹽原　所需時間：1小時8分鐘（251號）　列車班次：下行7列、上行5列（包含東京～郡山等。另有與其他型式車輛共同營運之列車）　表定時速：139.2 km（251號）

谷川號 JR 東日本

分演著上越新幹線區間列車的角色

目前營運上以E4系「Max谷川號」（Maxたにがわ）為主力，此E2系「谷川號」的運行班次較少。

朱鷺號 JR 東日本

在上越新幹線不斷留下足跡的列車

1982年11月15日，上越新幹線的大宮～新潟路段部分通車之際，「朱鷺號」（とき）與速達列車「朝日號」（あさひ）同時亮相後，便一路行駛至今日。「朱鷺號」過去是上越線特急列車的暱稱。「朝日號」如今早已報廢，「朱鷺號」儼然成了上越新幹線的門面。

行駛區間：東京～新潟等　行駛距離：333.9 km　所需時間：2小時5分鐘（301號）　列車班次：10列次往返　表定時速：160.3 km（301號）

行駛區間：東京～高崎、越後湯澤　行駛距離：199.2 km（東京～越後湯澤）　所需時間：1小時30分鐘（401號）　列車班次：下行5列、上行4列　表定時速：132.8 km（401號）

「疾風號」車廂編組（一例）

	1號車	2號車	3號車	4號車	5號車	6號車	7號車	8號車	9號車	10號車
	普通車	普通車	普通車	普通車	普通車	普通車	普通車	普通車	綠色車廂	普通車
	指定席	指定席	指定席	指定席	·指定席	指定席	指定席	指定席	指定席	指定席

←東京　　　　　　　　　　　　　　　　　　　　　　盛岡→

投入東北新幹線「山彥號」運行的E2系J編組列車

E3系

投入營運：1997年　編組：6、7節
供電方式：交流25000V　最高速度：275km/h（東北新幹線區間）、130km/h（奧羽本線區間）

目前E3車輛雖然被用在山形新幹線的「翼號」（つばさ）列車，但其實原本是要開發給秋田新幹線的「小町號」（こまち）使用，並於1995年完成量產先行試作車輛。

秋田新幹線的E3系車輛自2013年3月13日開始切換為E6系統後，最終結束運行，該車輛的最高速度可達275km。

列車為求輕量化並提升耐腐蝕性，車體以鋁合金打造，前頭車形狀則比既有的JR東日本新幹線車輛更加流線順暢。

E3系車輛不僅綠色車廂為2＋2人座位配置，就連普通車廂也採相同設計，廁所及洗手台皆導入了當時的最新技術。

翼號　JR東日本

連接起東京與秋田的迷你新幹線

「翼號」是隨著山形新幹線於1992年7月1日開通時誕生的列車。「翼號」在這之前是行駛於上野～秋田路段的特急列車暱稱。開通時雖然有使用400系車輛，但目前已全數統一為E3系。

行駛區間：東京～山形、新庄　行駛距離：421.4km　所需時間：3小時43分鐘（121號）　列車班次：16列次往返　表定時速：113.4km（121號）

「翼號」車廂編組

	11號車	12號車	13號車	14號車	15號車	16號車	17號車
綠色車廂	普通車	普通車	普通車	普通車	普通車	普通車	
指定席	指定席	指定席	指定席	指定席	自由席	自由席	

←東京　　　　　　　　　　　　　　　　　　新庄→

Toreiyu翼號　JR東日本

連接福島～新庄路段的座敷列車

山形新幹線有列運行於福島與新庄路段，由E3系6節車廂編而成的車輛，雖然只行駛於週末及假日，但搭乘時會讓旅客充享受。該列車名為「Toreiyu翼號」（とれいゆ つばさ）。

這列座敷（宴席）列車採6節車廂編組，雖然沒有溫泉，但有足湯。車內更售有特製便當與葡萄酒，能放鬆地在吧檯車廂嘗美味。全車為指定席，使用足湯須另外收費。

行駛區間：福島～新庄　行駛距離：148.6km　所需時間：小時14分鐘（1號）　列車班次：1列次往返　表定時速：66.km（1號）

山形新幹線E3系「翼號」列車正穿越滿是美麗紅葉的板谷山

那須野號 JR 東日本

最大17車輛編組的通勤運輸用列車

正如同源自「那須野原」的暱稱,「那須野號」是行駛於東京與那地區的短距離特急列車。自1995年12月1日改點後開始運行,作為通勤運輸用列車,多半會與E2系或E5系併結運行。

行駛區間:東京～那須鹽原、郡山　行駛距離:226.7km(東京～郡山)　所需時間:1小時33分鐘(253號)　列車班次:下行4列、上行3列　表定時速:146.3km(253號)

使用過去「小町號」配色,行駛於東北新幹線的E3系車輛

朱鷺號(現美新幹線)

JR 東日本

展示現代美術品的「移動美術館」

E3系「朱鷺號」雖已從第一線退下,但目前以「現美新幹線」為名,採6節車廂、各站停靠的編組,於週末及假日期間,以每日班次往返於越後湯澤～新潟區間。「現美」是「現代美術」的簡稱,全車展示有活躍於第一線的藝術家作品。11號車為指定席,其餘5節車廂為自由席,無須支付其他特別費用。

行駛區間:越後湯澤～新潟　行駛距離:134.7km　所需時間:50分鐘(451號)　列車班次:3列次往返　表定時速:161.6km(451號)

非常適合華麗配色的現美新幹線

設有足湯,相當獨特的E3系「Toreiyu翼號」

13

E4系

投入營運：1997年　**編組**：8節　**供電方式**：交流25000V
最高速度：240km/h　**特色**：全車採雙層設計

　　E4系車輛是繼已報廢的E1系車輛後，第二代全車雙層設計的新幹線列車，並於1997年12月20日開始運行的東北新幹線「Max山彥號」（Maxやまびこ）初次登場。延續E1系的暱稱，E4系車輛同樣以「Max」之名為人所熟知，並直接反映在列車名上。但與E1系的12節車廂編組相比，E4系採較短的8節編組甚至能與E4系除外的其他車種併結運行。2列16節車廂的座位數可達1634人，擁有全球最大載客量。

　　車體為求輕量化而採鋁合金，最前端的車鼻長達11.5m，可低噪音。曲線的結構設計展現不同於過去新幹線車輛的樣貌。

　　但隨著車輛逐漸老舊，E4系列車於2012年9月28日結束了北新幹線的營運，目前僅使用於上越新幹線。主力車輛雖採8節車廂編組，但仍有部分列車為16節編組。

Max 朱鷺號　JR東日本
行駛於東京～新潟的各站停靠列車

　　「Max朱鷺號」（Maxとき）是在1994年7月15日，E1系車輛正式投入營運之際，與「Max朝日號」（Maxあさひ）同時亮相的列車。但當時僅設定1列次行駛於高崎～東京區間的各站停靠上行列車。投入E4系車輛要等到2012年9月29日之後。普通車廂皆為自由席。

行駛區間：東京～新潟　**行駛距離**：333.9km　**所需時間**：2小時1分鐘（303號）　**列車班次**：下行17列、上行16列　**表定時速**：165.6km（303號）

Max 谷川號　JR東日本
前進溫泉之鄉越後湯澤的各站停靠列車

　　「Max谷川號」（Maxたにがわ）於1994年7月15日亮相，連接起東京～高崎區間各站的特急列車。當時雖使用E1系車輛，但2012年9月29日便切換為E4系，路線更延伸至越後湯澤（冬季延長運行至GALA湯澤站）。

行駛區間：東京～越後湯澤　**行駛距離**：199.2km　**所需時間**：1小時31分鐘（403號）　**列車班次**：下行8列、上行9列（另有區間列車）　**表定時速**：131.3km（403號）

以2編組16節車廂行駛的「Max朱鷺號」

「Max朱鷺號」車廂編組（一例）

1號車	2號車	3號車	4號車	5號車	6號車	7號車	8號車
普通車	普通車	普通車	普通車	普通車	普通車	綠色車廂	綠色車廂
自由席	自由席	自由席	指定席	指定席	指定席	指定席	指定席
普通車	普通車	普通車	普通車	普通車	普通車	普通車	普通車
自由席	自由席	自由席	自由席	指定席	指定席	指定席	指定席

←東京　　　　　　　　　　　　　　　　　　　　　　　　新潟→

從照片中雖看不見粉色線條，但擁有「朱鷺」標誌的雙層車廂可是充滿震撼力

E5/H5系

投入營運：2011年（E5系）、2016年（H5系） 編組：10節 供電方式：交流25000V 最高速度：320km/h（盛岡以南）、260km/h（盛岡以北） 特色：設有比綠色車廂更高級的超高檔車廂。

JR東日本為了實現以360km的最高速度運行東北新幹線，於2005年開發了「FASTECH360」高速試驗車，並以取得的數據為依據，做出最高速度定為320km此一較妥當的判斷，接著開發製造E5系車輛。

東北新幹線在2010年3月16日全線通車至新青森1年後，於2011年3月5日首度將E5系車輛投入「隼號」（はやぶさ）的營運。大宮～宇都宮區間的最高速度為275km，福島～盛岡的部分路段可達300km。2014年3月15日改點後，盛岡以南的最高速度甚至提高至320km。車體採鋁合金材質的雙皮層（Double skin）結構，前頭車則是設計成名為「Double cusp」（類似水棲鳥類的嘴巴）的長嘴形狀，目的在於降低隧道內的微壓波。

全車為指定席，往新青森方向的列車設有比綠色車廂更高級的「超高檔車廂」（Gran Class），採1＋2人配置，共計18個座位。H5系則是在2016年3月26日，北海道新幹線新青森～新函館北斗區間通車之際投入營運。規格幾乎與E5系相同，但H5系為JR北海道所有。車身塗裝基本上也比照E5系，但中帶顏色是命名「彩香紫」的紫色。此外，相較於E5系的圖案標誌是採用一種猛禽「隼」為意象，H5系則是融入了北海道的地圖。

隼號

JR東日本　JR北海道

東京到新函館北斗最短只需4小時2分鐘

「隼號」是1982年6月23日，東北新幹線於大宮～盛岡區間部分通車時登場的列車。目前E5/H5系「隼號」，是2011年3月5日E5系投入營運之際同時登場的車輛。

除了早晚的區間班次，白天可分為行駛於東京～新函館北斗的車輛及東京～新青森的車輛，兩者幾乎是交錯運行。東京～新函館北斗最快列車（5、11、34號）的所需時間為4小時2分鐘。

行駛區間：東京～新青森、函館北斗等 行駛距離：713km（東京～新青森）、862.5（東京～新函館北斗） 所需時間：4小時2分鐘（5號） 車班次：下行12列、上行11列（東京～新函館北斗），下行列、上行6列（東京～新青森） 表定時速：213.8km（5號）

「隼號」車廂編組（一例）

1號車	2號車	3號車	4號車	5號車	6號車	7號車	8號車	9號車	10號車
普通車	普通車	普通車	普通車	普通車	普通車	普通車	普通車	綠色車廂	超高檔車
指定席	指定席	指定席	指定席	指定席	指定席	指定席	指定席	指定席	指定

←東京　　　　　　　　　　　　　　　　　　　　盛岡、新青森、新函館北

正駛出青函隧道，車身有著紫色線條的H5系「隼號」列車

山彥號 JR 東日本 行駛於東京～仙台、盛岡的主力列車

「山彥號」是東北新幹線在1982年6月23日針
對大宮～盛岡部分通車時，所取的暱稱。目前主
要來運行東京～仙台、盛岡的特急列車。E5系
的「山彥號」幾乎都是以仙台、盛岡為起始與終
點，無行駛至新青森、新函館北斗的列車。

行駛區間：東京～仙台、盛岡　行駛距離：351.8km（東京～仙台）、535.5km（東京～盛岡）　所需時間：2小時22分鐘（東京～仙台203號）　列車班次：10列次往返（東京～仙台），下行7列、上行5列（東京～盛岡）　表定時速：148.6km（203號）

疾風號 JR 東日本 JR 北海道 清晨及深夜運行盛岡以北地區的區間列車

「疾風號」是在2002年12月1日，東北新幹線
延伸至八戶時登場的列車。以E2系車輛為主力，
而H5系則是在新青森～新函館北斗與盛岡～新
函館北斗區間各有1列次的往返，班次相當少。
僅在清晨的下行及深夜的上行列車。

行駛區間：盛岡～新函館北斗　行駛距離：327.2km（93號）　所需時間：2小時9分鐘（93號）　列車班次：1列次往返（盛岡～新函館北斗）、1列次往返（新青森～新函館北斗）　表定時速：152.2km（93號）

「疾風號」車廂編組

1號車	2號車	3號車	4號車	5號車	6號車	7號車	8號車	9號車	10號車
普通車	普通車	普通車	普通車	普通車	普通車	普通車	普通車	綠色車廂	超高檔車廂
指定席	指定席	指定席	指定席	指定席	指定席	指定席	指定席	指定席	指定席

←盛岡　　　　　　　　　　　　　　　　　　　　　　新青森、新函館北斗→

那須野號 JR 東日本 連接起東京～那須鹽原、郡山的各站停靠區間列車

「那須野號」是在1995年12月1日改點後開始
運行。主要目的為通勤運輸，因此部分列車會於
各站停靠。E5/H5系「那須野號」有多班次行駛
於東京～那須鹽原、郡山路段。

行駛區間：東京～那須鹽原、郡山　行駛距離：157.8km（東京～那須鹽原）、226.7km（東京～郡山）　所需時間：1小時33分鐘（253號）　列車班次：下行4列、上行5列（東京～郡山），3列次往返（東京～那須鹽原）　表定時速：146.3km（253號）

長鼻設計、充滿速度感的H5系，行駛時的最高速度可超過300km

E6系

投入營運：2013年　編組：7節　供電方式：交流25000V（新幹線區間）、20000V（在來線區間）　最高速度：320km/h（東北新幹線區間）、130km/h（在來線區間）　特色：東京～盛岡路段能與E5系併結運行

　　E6系是為了汰換掉使用於秋田新幹線「小町號」的E3系車輛而開發，並於2013年3月16日開始投入「超級小町號」（スーパーこまち）的營運。可分為新幹線區間與在來線區間的直達車。東北新幹線段的最高行駛速度為320km，但進入在來線間後，則為130km。

　　針對車鼻部分，E3系長6m，E6系則拉長至13m。為了決車鼻拉長之後壓縮到搭乘人數的問題，車廂從原本的6節增為7節。列車配有能自動偵測車身搖晃，減輕震動的主動懸吊統，以及減緩行駛彎道時離心力的車身傾斜裝置，改善搭乘的適性。另也改良了集電弓，成功實現低溫化。

　　無論是綠色車廂或普通車廂，全採2＋2人的四排座。座椅隔則拉大至980mm，乘坐時更加寬敞。全車皆為指定席。

小町號　JR東日本

所有列車皆能與「隼號」併結運行

　　「小町號」是1997年3月22日，迷你新幹線、秋田新幹線啟用之際同時亮相的列車。E6系「小町號」投入營運則是2013年3月16日。最初原本是編組6節的E3系車輛，之後開始投入7節E6系車輛的營運，並將其命名為「超級小町號」。2014年3月15日，列車全數切換為E6系車輛後，再次統一恢復成「小町號」之名。全數切換前的最高速度為300km但目前已達成最高320km的行駛速度。所有列車在行駛東京～盛岡路段時，皆能與E5系「隼號」併結運行。

行駛區間：東京～秋田　行駛距離：662.6km　所需時間：3小時52分鐘（1號）　列車班次：16列次往返　表定時速：171.4km（1號）

與「隼號」併結，即將駛抵大宮站的「小田

「小町號」車廂編組

	11號車	12號車	13號車	14號車	15號車	16號車	17號
綠色車廂	普通車	普通車	普通車	普通車	普通車	普通
指定席	指定席	指定席	指定席	指定席	指定席	指定

←東京　　　　　　　　　　　　　　　　　　　　　　秋

行駛於在來線區間的E6系。以最前端的鮮豔紅色強調其安

E7/W7系

投入營運：2014年　編組：12節　供電方式：交流25000V
最高速度：260km/h（高崎以西）、240km/h（高崎以東）　特
色：以E2系為藍本，由JR東日本與JR西日本共同開發

車輛於2014年3月15日啟用。首先投入以長野為起迄站的「淺間號」（あさま）運行，隔年2015年3月14日開通長野～金澤路段之際，則同時投入運行東京～金澤的「光輝號」（かがやき）、「白鷹號」（はくたか），以及富山～金澤路段的「劍號」（つるぎ）。

北陸新幹線睽違17年後，終於決定將路線延伸至金澤，當時更以此為號召，投入了新型車輛。由於北陸新幹線涵蓋JR東日本與JR西日本營運範圍，兩公司便以E2系為藍本，共同開發出E7/W7系車輛。

為求輕量化，車體採用鋁合金材質與雙皮層結構。車身塗裝則以象牙白為基調，中間設計了雙色帶，上方為JR集團首度嘗試的紅銅色，下方則搭配藏青色。圖案標誌以型號名稱的「7」為象徵設計而成，強調充滿未來感。採12節車廂編組，與E5系一樣，往金澤方向的列車設有超高檔車廂。

2018年度起，更取代E4系車種，投入上越新幹線的營運。

光輝號　JR東日本　JR西日本

短時間行駛東京～金澤區間的速達列車

行駛區間：東京～金澤　行駛距離：450.5km　所需時間：2小時28分鐘（509號）　列車班次：10列次往返　表定時速：182.6km（509號）

除了「淺間號」，北陸新幹線的所有列車名稱皆是公開募集而來。會採用「光輝號」之名，是因為想讓人感受到光明的未來與速度感。2015年3月15日北陸新幹線啟用之際，同時投入運行。

「光輝號」是只停靠上野、大宮、長野、富山、金澤的速達列車，其中，509號與514號行駛東京～金澤區間只需2小時28分鐘。

「光輝號」車廂編組	1號車	2號車	3號車	4號車	5號車	6號車	7號車	8號車	9號車	10號車	11號車	12號車
	普通車	普通車	普通車	普通車	普通車	普通車	普通車	普通車	普通車	普通車	綠色車廂	超高檔車廂
←東京	指定席	指定席	指定席	指定席	指定席	指定席	指定席	指定席	指定席	指定席	指定席	指定席　金澤→

白鷹號　JR東日本　JR西日本

行駛東京～金澤路段的各站停靠列車

行駛區間：東京～金澤　行駛距離：450.5km　所需時間：3小時7分鐘（551號）　列車班次：14列次往返（另有區間列車）　表定時速：144.5km（551號）

「白鷹號」是2015年3月15日北陸新幹線啟用之際，同時投入運行的列車。該車停靠東京～金澤路段各站，名稱當然也是公開募集而來。「白鷹號」之名原本是1965年10月1日，開始運行於上野～金澤路段的在來線特急列車暱稱，之後行駛於北越急行線的列車雖曾沿用「白鷹號」之名，目前則由行駛於東京～金澤路段的各站停靠列車繼承此暱稱。

「白鷹號」車廂編組	1號車	2號車	3號車	4號車	5號車	6號車	7號車	8號車	9號車	10號車	11號車	12號車
	普通車	普通車	普通車	普通車	普通車	普通車	普通車	普通車	普通車	普通車	綠色車廂	超高檔車廂
←東京	自由席	自由席	自由席	自由席	指定席	指定席	指定席	指定席	指定席	指定席	指定席	指定席　金澤→

JR東日本E7系「光輝號」，大幅拉近了東京與金澤、富山的距離

劍號 JR 西日本

運行北陸雙城的接駁列車

「劍號」與「光輝號」、「白鷹號」都是2015年3月15日，北陸新幹線啟用的同時投入營運，更是行駛於北陸地區富山與金澤兩縣都之間的接駁列車。北陸新幹線尚未通車前，特急列車行駛約需1.5小時，通車後縮短至23分鐘。發車頻率約為1小時，班次相當頻繁。

行駛區間：富山～金澤 行
駛距離：58.6km 所需時
間：23分鐘（701號）列
車班次：下行17列、上行
19列 表定時速：152.9k
（701號）

「劍號」車廂編組

1號車	2號車	3號車	4號車	5號車	6號車	7號車	8號車	9號車	10號車	11號車	12號車
普通車 自由席	普通車 自由席	普通車 自由席	普通車 自由席	普通車 指定席	普通車 指定席	普通車 指定席	未開放搭乘	未開放搭乘	未開放搭乘	綠色車廂 指定席	未開放搭乘

←富山　　　　　　　　　　　　　　　　　　　　　　　　　　　　　　　　　　　金澤→

淺間號 JR 東日本

延續傳統，往返東京～長野的列車

「淺間號」應該是首都圈與長野縣居民最熟悉的列車名稱之一。「淺間號」本是準急列車，其後大量投入往返上野～長野特急列車的運行，接著成為北陸新幹線行駛於東京～長野路段的列稱名稱，開通至金澤後，亦持續運行。列車名稱本身充滿歷史意涵，但使用的車輛已從E2系切換為E7系。

行駛區間：東京～長野 行
駛距離：222.4km 所需
時間：1小時48分鐘（60
號）列車班次：16列次
往返 表定時速：123.6k
（601號）

「淺間號」車廂編組

1號車	2號車	3號車	4號車	5號車	6號車	7號車	8號車	9號車	10號車	11號車	12號車
普通車 自由席	普通車 自由席	普通車 自由席	普通車 自由席	普通車 自由席	普通車 指定席	普通車 指定席	普通車 指定席	普通車 指定席	普通車 指定席	綠色車廂 指定席	超高檔車廂 指定席

←東京　　　　　　　　　　　　　　　　　　　　　　　　　　　　　　　　　　　長野→

JR西日本的W7系列車，紅銅色與藏青色線條相當引人注

塗裝與JR東日本的E7系相同

923型　JR東海　JR西日本

投入製造年：2000年（JR東海）、2005年（JR西日本）　編組：7節　供電方式：交流25000V　最高速度：270km/h　特色：新幹線電氣軌道綜合試驗車（暱稱「Dr.Yellow」）

923型車輛的正式名稱為新幹線電氣軌道綜合試驗車，分別是2000年製造，JR東海所有的0番台（T4編組）列車，以及JR西日本所有的3000番台（T5編組）列車，共計2列。7節車廂編組，分別具備「通訊、訊號、電氣量測」、「數據處理」、「軌道檢測」等功能。

923型是以700系為藍本開發而成，可在高速環境下進行檢測。由於車身塗裝為黃色，因此又被暱稱為「Dr.Yellow」。

看見「Dr.Yellow」，幸運就會降臨。每2～3週就會出動

E926型　JR東日本

投入製造年：2001年　編組：6節　供電方式：交流25000V、交流20000V　最高速度：275km/h　特色：新幹線電氣軌道綜合試驗車。暱稱為「East i」

JR東日本為進行東北、上越、北陸、秋田、山形新幹線與北海道新幹線綜合測試，以E3系為基礎開發的車輛。高速試驗時的最高速度可達275km，還能駛入JR東日本所有的新幹線區間，亦被稱為S51編組。

「East i」雖然是E926型車輛相當為人熟知的暱稱，但它同時也是在來線的試驗車名稱。

車身可見「East i」標誌的E926型車輛

磁浮列車 　JR東海

已開始動工的中央新幹線

　　JR東海持續研究及測試的磁浮列車（超導體磁浮列車，亦稱Maglev）逐漸趨向實用化，隨著政府的核准，JR東海更開始了中央新幹線東京（品川站）～名古屋的建設工程，預計將於2027年完工。

　　施工分18個區段，2015年8月先行投入了南阿爾卑斯隧道的山梨段工程，2017年2月前啟動所有區段的施工。原本用來運行測試的山梨實驗線（42.8㎞）則會併入中央新幹線的路線中。

　　早在中央新幹線動工前，JR東海便以山梨實驗線進行諸多測試，2013年8月起投入L0系，持續做最終運行確認。這款L0系將是未來運行車輛的基礎，目前雖為7節車廂，通車時將增為16節編組。

　　最高速度為550㎞。品川～名古屋的所需時間僅40分鐘。

行駛於山梨實驗線上，7節車廂編組的L0系車輛。特色在於比既有新幹線列車更長的車鼻，長度達15m

今後車廂編組將增加至12節。型號的「L」是取自「Liner」的字首

「L0系」的圖案標誌。「L」代表「Liner」，「0」則和新幹線初代車輛一樣，有著第一代的含意

電車 *Electric train*

特急型

（直流式）

185系

投入營運：1981年　編組：5、10節　供電方式：直流 1500V　最高速度：110km/h　特色：亦可作為通勤用車輛

由於使用在東海道本線的153系急行用電車老舊，於是開發了替換用的185系車輛。1981年3月26日起，投入急行「伊豆號」的運行，10月1日起更開始使用在特急「踴子號」（踊子）列車。過去為了因應東海道本線大增的通勤運輸需求，185系除了運行「踴子號」外，也曾作為通勤用車輛。

1982年6月23日，東北新幹線開通大宮～盛岡部分路段時，更被用在行駛於上野～大宮區間的「新幹線接力號」（新幹線レー號）。東北新幹線駛入上野站之際，甚至將185系投入北東地區的「草津號」、「赤城號」、「谷川號」等新特急列車中。前則集中使用在「踴子號」，並正式退出其他路線。

踴子號 　JR東日本

行駛於東京～伊豆急下田、修善寺的觀光特急列車

「踴子號」是用來取代特急「赤城號」，於1981年10月1日亮相，行駛於東京～伊東、伊豆急下田的特急列車，同時也是連接至伊豆箱根鐵道修善寺站的觀光特急列車。1990年4月28日「超景踴子號」（スーパービュー踊り子）間世後，「踴子號」就逐漸作為不定期列車使用，目前的固定班次僅3列次往返。

行駛區間：東京～伊豆急下田　行駛距離：167.2km（東京～伊東121.5km、東京～伊豆急下田45.7km）所需時間：2小時46分鐘（105號）　列車班次：3列次往返　表定時速：60.4km（105號）

行駛區間：東京～修善寺　行駛距離：140.5km（東京～三島120.7km、三島～修善寺19.8km）所需時間：2小時8分鐘（105號）　列車班次：2列次往返　表定時速：65.9km（105號）

行駛橫濱～松本，僅週末假日有班次的185系「濱甲斐路號

「踴子號」車廂編組（一例）

15號車	14號車	13號車	12號車	11號車	10號車	9號車	8號車	7號車	6號車	5號車	4號車	3號車	2號車	1號車
普通車	普通車	普通車	普通車	普通車	普通車	普通車	普通車	普通車	普通車	綠色車廂	綠色車廂	普通車	普通車	普通車
指定席	指定席	指定席	自由席	自由席	自由席	自由席	指定席	指定席	指定席	指定席	指定席	指定席	指定席	指定席

←東京　　　　　　　　　　修善寺→ ←東京　　　　　　　　　　　　　　伊豆急下田

15節車廂編組，準備前往伊豆的「踴子號」相當受到歡迎

以團體、臨時列車之姿度過餘生的189系

1972年7月15日，東京車站地下月台完工、外房線電氣化的同時，特急「若潮號」（わかしお）與「細波號」（さざなみ）也隨之亮相，當時是使用183系車輛。189系則是為了能與行駛在信越本線陡坡路段，橫川～輕井澤間的EF63型牽引機車相連結，以183系為基礎開發而成，其後則是使用於「淺間號」特急列車。189系搭載了能將EF63型車輛的指令切換為電車用指令的裝置，以及緊急制軔用調節閥等。

其後，189系在上野～長野路段活躍了相當長的時間，可說是風靡一世的車輛。但隨著國鐵分割民營化，189系露臉的機會開始減少，接著更退出特急列車的運行，目前僅投入「假日快速富士山號」（ホリデー快速富士山）等臨時快速列車，度過最後餘生。

塗裝舊國鐵特急色的189系車輛，用在臨時快速等列車的運行

舊淺間色的189系「早安Liner號」運行於鹽尻～長野

夾帶草綠色與紅色線條，升級後的淺間色189系車輛

189系臨時快速列車「富士山號」，從新宿出發，準備駛入富士急行線終點「河口湖站」

251系

投入營運：1990年	編組：10節	供電方式：直流1500V
最高速度：120km/h		

JR東日本以相當嶄新的創意，開發了251系作為伊豆半島觀光特急「超景踴子號」的專用車輛。該列車不僅非常適合引領乘客認識伊豆這個人氣數一數二的觀光地，更是以高檔次自豪的特急型車輛。251系自1990年4月28日開始投入營運。

列車由3節雙層車廂及7節座位較高的車廂，共計10節的車廂組成，往東京方向的首節車廂1樓為兒童遊戲室。此外，往伊東方向的2節雙層車廂為綠色車廂，最前方的1號車2樓為綠色車廂區，1樓則是休憩區（只有持綠色車廂搭乘券者可以使用）。2號車雖然也是綠色車廂，但1樓設有4人用包廂。2002年增加了身障者用設備等改造，同時變更塗裝顏色。

超景踴子號 JR東日本

引領乘客進入伊豆半島東海岸的觀光特急列車

「超景踴子號」是行駛於東京站及伊豆急下田間的觀光特急列車。「踴子號」雖然有行駛至富士箱根鐵道的修善寺站，但「超景踴子號」所有班次的終點站皆為伊豆急下田。該列車最令人自豪之處在於相當高級，不只綠色車廂，就連普通車廂也都是指定席。從車窗眺望出去的視野極佳，特別是前頭車座位採階梯式設計，能以寬廣的視角欣賞伊豆半島東岸的景緻。

行駛區間：東京～伊豆急下田　行駛距離：167.2km（東京～伊東121.5km、伊東～伊豆急下田45.7km）　所需時間：2小時29分鐘（5號）　列車班次：2列次往返（另有數列不定期列車）　表定時速：67.3km（5號）

「超景踴子號」車廂編組（一例）

10號車	9號車	8號車	7號車	6號車	5號車	4號車	3號車	2號車	1號車
普通車 指定席								綠色車廂 指定席	綠色車廂 指定席
兒童遊戲室	普通車 指定席	普通車 指定席	普通車 指定席	普通車 指定席	普通車 指定席	普通車 指定席	普通車 指定席	4人包廂	休憩區

← 東京　　　　　　　　　　　　　　　　　　　　　　　伊豆急下田

搭乘「超景踴子號」時，能透過大片車窗享受地眺望相模灣

253系

投入營運：1991年　**編組**：6節　**供電方式**：直流1500V
最高速度：120km/h　**特色**：開發作為「成田特快」專用車輛

253系又稱為「N'EX」，當初是開發作為空港特急「成田特快」（成田エクスプレス）的專用車輛。

253系投入「成田特快」營運之際，從橫濱、新宿・池袋起訖時，列車採3節車廂編組。在新宿站及東京站合併成9節車廂後，再駛往成田機場。2009年10月1日開始投入新款E259系車輛後，253系自2011年4月起，便分別改投入東武鐵道的日光線及鬼怒川線，作為觀光特急「日光號」及「鬼怒川號」（きぬがわ）運行。移轉至「日光號」及「鬼怒川號」使用後，編組全改為6節車廂，同時廢除綠色車廂，改造成全席指定的普通車廂。

日光號　JR 東日本

從新宿起訖，駛向東武日光的觀光特急列車

「日光號」是2011年4月，253系成功移轉至東武鐵道時所設的列車。與東武鐵道100系「SPACIA日光號」（スペーシア日光）不定期特急列車，同樣都是行經大宮、栗橋，行駛於新宿～東武日光路段。

行駛區間：新宿～東武日光　**行駛距離**：134.9km（新宿～栗橋54.3km、栗橋～東武日光80.6km）　**所需時間**：1小時58分鐘（1號）　**列車班次**：1列次往返　**表定時速**：68.6km（1號）

「日光號」、「鬼怒川號」車廂編組

6號車	5號車	4號車	3號車	2號車	1號車
普通車	普通車	普通車	普通車	普通車	普通車
指定席	指定席	指定席	指定席	指定席	指定席

←新宿　　　　　　　　　　　東武日光、鬼怒川溫泉→

鬼怒川號　JR 東日本

從新宿起訖，駛入東武鐵道鬼怒川溫泉的觀光特急列車

「鬼怒川號」和「日光號」一樣，皆是在2011年4月移轉至東武鐵道時所設定的列車。與東武鐵道100系「SPACIA鬼怒川號」（スペーシアきぬがわ）特急列車，同樣都是行經大宮、栗橋，行駛於新宿～東武鐵道鬼怒川溫泉路段。

行駛區間：新宿～東武鐵道鬼怒川溫泉　**行駛距離**：140.2km（新宿～栗橋54.3km、栗橋～鬼怒川溫泉85.9km）　**所需時間**：2小時6分鐘（5號）　**列車班次**：1列次往返　**表定時速**：66.8km（5號）

入東武鐵道，朝鬼怒川溫泉前進的253系「鬼怒川號」，過去是「成田特快」用車輛

255系

投入營運：1993年　編組：9節　供電方式：直流1500V
最高速度：130km/h　特色：JR東日本首款導入VVVF控制之車輛

JR東日本為了汰換逐漸老舊的房總特急用183系，開發出255系車輛，這也是JR東日本從激磁控制變更為VVVF變頻控制的首款車輛。1993年7月2日投入「View細波號」（ビューさざなみ）與「View若潮號」（ビューわかしお）的運行。

採9節車廂編組，除了往房總半島方向的前頭車設有2處連廊，所有車廂後方僅設1處。車輛塗裝以房總的海與千葉縣的「油菜花」為概念，令人印象深刻。2005年12月更將列車終點顯示器由字幕式改為LED式。

目前房總特急的主力車輛已轉為E257系，255系只負責每天「潮騷號」（しおさい）5.5列次往返及「若潮號」（わかしお）2列次往返的運行。255系還有著「Boso View Express」的暱稱。

潮騷號　JR東日本

前進九十九里濱的房總特急列車

行經總武本線，行駛於東京與成東、銚子的「潮騷號」是在1975年3月10日亮相。「潮騷號」是為了因應前一年的10月26日，總武本線、成田線、鹿島線全線電氣化而設定的列車。原本是使用183系車輛，但在1993年7月2日切換為255系。

行駛區間：東京～成東、銚子　行駛距離：133.9km（東京～銚子）　所需時間：1小時57分鐘（1號）　列車班次：下行6列、上行5列（其中1列下行的起迄為成東站）　表定時速：68.7km（1號）

若潮號　JR東日本

行經外房線，朝安房鴨川前進的房總特列車

「若潮號」是行經外房線，駛於東京與勝浦、安房鴨川的房總特急列車。主力車款為E257系，255系僅負責2往返列次（其中1列次的起迄為勝浦站）。

「若潮號」是在1972年7月15日，內房線與外房線全線電氣化時亮相。列車則是使用當時新完工的183系車輛。

行駛區間：東京～勝浦、安房鴨川　行駛距離：132.5km（東京～安房鴨川）　所需時間：1小時53分鐘（3號）　列車班次：2列次往返（其中1列次的起迄為勝浦站）　表定時速：70.4km（3號）

「潮騷號」、「若潮號」車廂編組

	1號車	2號車	3號車	4號車	5號車	6號車	7號車	8號車	9號車
	普通車	普通車	普通車	綠色車廂	普通車	普通車	普通車	普通車	普通車
	自由席	自由席	指定席	指定席	指定席	自由席	自由席	自由席	自由席

←東京　　　　　　※「若潮號」為自由席　　　　　　成東・銚子→

9節車廂編組，行駛於總武本線的255系「潮騷號」，車門的黃色相當顯眼

E257系

投入營運：2001年（中央本線）、2004年（外房線）
編組：11、5節　供電方式：直流1500Ｖ
最高速度：130km/h

E257系是為了汰換183系與189系所開發的車輛，於2001年12月1日投入特急「梓號」（あずさ）的營運。

車輛搭載TIMS（列車資訊管理系統），減輕乘務、保養所需的勞力外，更針對車體進行輕量化與低底盤化的改善，降低噪音，強化搭乘舒適性。車身採用鋁合金材質及雙皮層結構，考量中央本線、篠之井線用的車輛須駛入大糸線，因此還加入了耐寒耐雪設計。此外，尾燈使用LED照明。E257系自2004年10月16日起，亦投入房總特急列車的營運。

然而，E353系開始投入營運後，已規劃要將E257系連同E351系撤出中央本線、篠之井線，預計會用來汰換掉目前「踴子號」的185系車輛。

梓號　JR東日本
「超級梓號」各司其職
信州特急列車

梓號」在1966年12月12日開始運當時雖然是使用183系，但2001年12月1日起便切換為目前的E257系，與E351系的「超級梓號」（スーあずさ）一同扮演著引領乘客認識地區的角色。

駛區間：新宿～松本（另有起訖千葉、東京、南小谷的列次）
駛距離：225.1km　所需時間：小時56分鐘（9號）　列車班次：行9列、上行10列　表定時速：.7km（9號）

甲斐路號
連接新宿與甲府的短距離
特急列車　JR東日本

由於中央本線的新宿～甲府路段運輸量大，因此在「超級梓號」與「梓號」的空檔又編組「甲斐路號」（かいじ）特急列車，1988年3月13日投入營運。

行駛區間：新宿～甲府　行駛距離：123.8km　所需時間：1小時49分鐘（101號）　列車班次：12列次往返表定時速：68.1km（101號）

E257系「梓號」連接起首都東京與信州，是中央東線的主力列車

「梓號」車廂編組

1號車	2號車	3號車	4號車	5號車	6號車	7號車	8號車	9號車	10號車	11號車
普通車	普通車	普通車	普通車	普通車	普通車	普通車	普通車 綠色車廂	普通車	普通車	普通車
指定席	指定席	自由席	自由席	自由席	指定席	指定席	指定席 指定席	指定席	指定席	指定席

←新宿　　　　　　　　　　　　　　　　　　松本→

時能看見甲州山群的E257系列車，車身畫有色彩繽紛的菱形圖樣

若潮號 JR 東日本

行經外房線，往勝浦、安房鴨川前進的房總特急列車

「若潮號」是行經外房線，駛於東京與上總一之宮、勝浦、安房鴨川的房總特急列車。以E257系為主力車輛，另設有2列次往返的255系「若潮號」（其中1列次往返的起迄站為勝浦）。

「若潮號」是在1972年7月15日，內房線與外房線全線電氣化時亮相。列車則是使用當時新完工的183系車輛。

於2004年10月16日切換為E257系車輛。

行駛區間：東京～勝浦、安房鴨川　行駛距離：110.1km（東京～勝浦）、132.5km（東京～安房鴨川）　所需時間：1小時56分鐘（5號）　列車班次：勝浦起迄3列次往返、安房鴨川5列次往返（另有上總一之宮起迄／1列次往返）　表定時速：77.7km（1號，開往勝浦）、68.5km（5號，開往安房鴨川）

點綴著沿線的油菜花成了E257系的其中一種配色

細波號 JR 東日本

連接東京與君津的通勤特急列車

「細波號」亮相的1972年10月1日，其實也是房總地區鐵道電氣化之日。當時雖是行經內房線，並延伸至館山，但目前的起迄皆為君津。下行班次從傍晚運行至夜晚，上行班次則駛於清晨，屬非常典型的通勤列車，全列次會在週末假日停駛。

行駛區間：東京～君津　行駛距離：81.3km　所需時間：1小時8分鐘（1號）　列車班次：下行5列、上行2列（全列次週末假日停駛）　表定時速：71.7km（1號）

潮騷號 JR 東日本

行駛東京～佐倉，每日1列次的E257系列車

「潮騷號」原本是行經總武本線，駛於東京與銚子間，使用〔　〕系車輛的特急列車。目前只有從佐倉站發車，上行4號這班「〔　〕號」是E257系列車。擁有強烈的通勤特急車輛色彩，10節〔　〕全數皆為自由席。

行駛區間：佐倉～東京　行駛距離：55.3km　所需時間：〔　〕分鐘（4號）　列車班次：上行1列（週末假日停駛）　表定〔　〕速：59.3km（4號）

「細波號」車廂編組
（一例）

	1號車	2號車	3號車	4號車	5號〔
	普通車	普通車	普通車	普通車	普通〔
	自由席	自由席	自由席	自由席	自由〔

←新宿　　　　　　　　　　　　　　　　君〔

駛於外房線的「若潮號」，前方設有連接車廂用的風擋

與JR線相互直通的私鐵車輛①

伊豆急行
2100系「Resort 21」
伊豆急行引以為傲的全景特急列車

2100系是伊豆急行自1985年7月20日起，投入運行的特急型車輛，又有「Resort 21」（リゾート21）的暱稱。2100系分別被使用在人稱「金目電車」（キンメ電車）的第三代列車、「黑船電車」的第四代列車，以及1993年登場的「Alpha Resort 21」（アルファ・リゾート21）第五代列車中，但「Alpha Resort 21」改造過後，2100系平日就只作為普通列車運行。

2017年7月21日，2100系更被投入行駛於伊豆急下田～橫濱間的「THE ROYAL EXPRESS」團體列車，由母公司的東急電鐵負責營運。

運行於橫濱與伊豆急下田間的「THE ROYAL EXPRESS」，非每天行駛

小田急電鐵
60000型
「浪漫特快車」
能駛至JR御殿場線御殿場站的特急列車

60000型在2008年登場時，是特急「浪漫特快車」用的車輛。自2012年3月17日起，則有3列次往返小田急新宿站與JR御殿場線御殿場站的特急「朝霧號」（あさぎり）。列車採6節車廂編組，全為普通車廂指定席。由於能做多元運用，因此又有「Multi Super Express」（MSE）的暱稱。

從松田進入御殿場線的小田急60000型

東武鐵道
100系
「SPACIA」
與JR「鬼怒川號」同樣活躍的特急列車

人稱「SPACIA」（スペーシア）的100系從1990年6月開始運行，是東武鐵道為了日光、鬼怒川觀光所開發的特急型列車。主要用在淺草起訖的「日光號」與「鬼怒川號」。但隨著能駛至JR新宿站的253系車輛啟用，東武鐵道亦投入2列次往返的特急列車「SPACIA鬼怒川號」與臨時特急列車「SPACIA日光號」。

東武鐵道的「SPACIA」在JR線上是非常引人注目的存在

E259系

投入營運：2009年　編組：6、12節　供電方式：直流
1500V　最高速度：130km/h

　　隨著1991年3月登場的「成田特快」專用253系逐漸老舊，JR便開發了E259系做切換，並於2009年10月1日投入運行，因此E259系是第二代「N'EX」用車輛。

　　E259系的整體色調幾乎延續253系的設計，但最大特色的紅色改以條狀配置於車窗上方，藉此更突顯車體的白色，外觀上也做了非常大的改變。針對性能方面，除了前頭車裝配防止搖晃的半主動懸吊裝置之外，亦強化了電力設備與保護裝置。同時拉大車內座椅的間隔，改善搭乘舒適性。E259系雖然保留下車廂前方既有的大型行李放置處，但同時也取消253系綠色車廂的包廂。

成田特快　JR 東日本

以速達列車串聯起國際機場與都心

　　「成田特快」是1991年3月19日投入運行，前往新東京國際機場（成田機場）的特急列車，當時採用253系車輛。人稱「N'EX」。2009年10月1日切換為E259系車輛便營運至今日。

　　1編制為6節車廂，起訖站分別有大船、橫濱高尾、大宮、池袋、新宿。部分列次雖以6節車廂運行，但大多都會在東京站分割併結，改為12節車廂編組。讓東京～成田機場的時間僅需1小時左右。

行駛區間：大船、高尾、大宮、池袋、新宿、東京～成田機場
行駛距離：79.2km（東京～成田機場）　所需時間：1小時（1號）　列車班次：27列次往返　表定時速：79.2km（1號）
※僅刊載東京～成田機場區段的資訊

E259系「Marine Express踊子號」，屬臨時運行的特急列車

「成田特快」車廂編組

1號車	2號車	3號車	4號車	5號車	6號車	7號車	8號車	9號車	10號車	11號車	12號車
普通車	普通車	普通車	普通車	普通車	綠色車廂	普通車	普通車	普通車	普通車	普通車	綠色車
指定席	指定席	指定席	指定席	指定席	指定席	指定席	指定席	指定席	指定席	指定席	指定席

←大船、橫濱、高尾、大宮、池袋、新宿、東京　　　　　　成田機

前方有飛機圖案做裝飾的E259系進入總武本線後，就會改成12節車廂編組運行

281系

投入營運：1994年　編組：6、9節　供電方式：直流 1500V　最高速度：130km/h

281系是1994年9月4日關西國際機場啟用時開發的車輛，專門給前往關西機場的「遙號」（はるか）特急列車使用。該款車輛採VVVF控制方式，使加速性能明顯提升。

為了讓281系更適合作為機場專用車輛，不僅加大每節車廂的出入口，更設有行李放置區。無邊框的車窗設計讓視野更寬廣，照明則採較淡的暖色系，讓光線更為柔和。車內全面禁菸。

遙號　**JR西日本**

從京都、大阪直達關西國際機場

1994年9月4日關西國際機場啟用時同步亮相的列車。雖然與南海電鐵同期投入營運的機場特急「Rapi:t」屬於競爭關係，但南海的班次以大阪、難波為起訖站，「遙號」則以大量海外觀光客造訪的京都為起訖站。部分班次終點站為米原。

行駛區間：米原、京都～關西機場　行駛距離：99.5km（京都～關西機場）　所需時間：1小時25分鐘（1號）　列車班次：30列次往返　表定時速：70.km（1號）

京都車站30號月台是「遙號」的專屬月台

「遙號」車廂編組								
1號車	2號車	3號車	4號車	5號車	6號車	7號車	8號車	9號車
綠色車廂	普通車	普通車	普通車	普通車	普通車	普通車	普通車	普通車
指定席	指定席	指定席	自由席	自由席	自由席	指定席	指定席	指定席

←京都　　　　　　　　　　　　　　　　　　關西空港→

行駛於阪和線，6節車廂編組的「遙號」，車身上有著以京都為意象的圖案標誌

283系

投入營運：1996年　編組：3、6節　供電方式：直流1500V　最高速度：130km/h

283系是JR西日本為了「超級黑潮號」（スーパーくろしお）所開發，於1996年7月31日開始營運的車輛。

此款車輛屬控制式傾斜列車，可以時速130km的速度過彎，與既有的自然傾斜式列車相比，能大幅縮短行駛時間。283系同時採用VVVF變頻控制裝置與再生制軔系統，整體而言能縮小設備類，達節能、免維修的效果。

283系投入特急「海洋飛箭號」（オーシャンアロー）專門使用後，又被稱為「海洋飛箭車輛」。前頭車的綠色車廂採以全景觀設計，另外3號車亦設有展望區，而5號車的部分區域則為女性專用座。

黑潮號 JR 西日本

繞行紀伊半島沿岸的觀光特急列車

「黑潮號」（くろしお）除了使用283系外，亦投入了287系與289系車輛。其中，283系負責下行3列、上行4列的運行。

紀勢本線以新宮站為分界點，新宮以西屬JR西日本管轄，以東則由JR東海負責營運，但JR西日本是在1965年3月1日才啟用80系特急氣動車「黑潮號」。紀勢本線（JR西日本管轄路段）電氣化後，列車雖也曾被稱為「超級飛箭號」（スーパーアロー）及「海洋飛箭號」，但仍在2012年3月17日改回了「黑潮號」。

行駛區間：新大阪～新宮　行駛距離：276.5km　所需時間：4小時16分鐘（1號）　列車班次：下行3列、上行4列　表定時速：64.8km（1號）

往新宮方向的前頭車為綠色車廂

「黑潮號」車廂編組

6號車	5號車	4號車	3號車	2號車	1號車
普通車	普通車	普通車	普通車	普通車	綠色車
指定席	指定席	指定席	自由席	自由席	指定席

←新大阪　　　　　　　　　　　　　　　　新宮

從馳騁的「黑潮號」車窗，遠眺南紀的蔚藍海岸

285系

投入營運：1998年　編組：7節　供電方式：直流1500V	
最高速度：130km/h	

285系是繼國鐵時代投入581系與583系後亮相的電車型寢台車輛。自進入平成時代後，客車的寢台列車逐漸老舊，為汰換

更新並提升速度，JR東海與JR西日本共同開發285系，並投入「Sunrise出雲號」、「Sunrise瀨戶號」。1998年7月10日亮相的285系採單7節車廂編制，亦有「日出特快號」（サンライズエクスプレス）的暱稱。

寢台列車的塗裝多半會以夜晚為主軸，採藏青色系，但此款列車卻是以早晨為發想，主要使用米色。且車內空間盡可能加大，搭乘舒適性遠勝於客車。寢台則考量乘客隱私，採雙層包廂設計，其他則是類似一般座位的寬敞座席。

Sunrise 出雲號
JR東海　JR西日本

與「Sunrise瀨戶號」併結運行至岡山的出雲路特急列車

「Sunrise出雲號」是為了汰換掉既有藍色列車「出雲」，於1998年7月10日亮相的車輛，能與「Sunrise瀨戶號」併結運行至岡山。在岡山站分離後，從倉敷站進伯備線，接著駛往出雲市的寢台特急列車。過去的「出雲」雖然是從京都站進山陰本線，但「Sunrise出雲號」會與Sunrise瀨戶號」併結運行，因此必須在山站進行分割、併結作業。

行駛區間：東京～出雲市　行駛距離：53.6km	
所需時間：11小時58分鐘	
列車班次：1列次往返　表定時速：79.7km	

Sunrise 瀨戶號
JR東海　JR西日本

與「Sunrise出雲號」併結運行至岡山的瀨戶內特急列車

「Sunrise瀨戶號」是為了汰換掉既有藍色列車「瀨戶」，於1998年7月10日亮相的車輛，能與「Sunrise出雲號」併結運行至岡山。在岡山站分離後，行經宇野線、本四備讚線，接著駛往高松的寢台特急列車。

「Sunrise瀨戶號」與「Sunrise出雲號」的包廂臥鋪皆設在2樓，空間可說相當寬闊。僅1節車廂設有「寬敞座席」，只需原本的車資搭配指定席特急券就可使用。

2樓包廂原本設有電視，現已撤除

行駛區間：東京～高松　行駛距離：804.7km	
所需時間：10小時52分鐘	
列車班次：1列次往返　表定時速：74.1km	

「Sunrise出雲號」+「Sunrise瀨戶號」車廂編組

	14號車	13號車	12號車	11號車	10號車	9號車	8號車	7號車	6號車	5號車	4號車	3號車	2號車	1號車
	普通車 單人臥鋪	普通車 單人臥鋪	普通車 單人臥鋪	綠色車廂 指定席	普通車	普通車 單人臥鋪	普通車 單人臥鋪	普通車 單人臥鋪	普通車 單人臥鋪	普通車 單人臥鋪	綠色車廂 指定席	普通車	普通車 單人臥鋪	普通車 單人臥鋪
	普通車 單人臥鋪	普通車 單人臥鋪	普通車 寬敞座席	普通車 單人臥鋪	包廂臥鋪	普通車 單人臥鋪	普通車 單人臥鋪	普通車 單人臥鋪	普通車 單人臥鋪	普通車 寬敞座席	普通車 單人臥鋪	包廂臥鋪	普通車 單人臥鋪	普通車 單人臥鋪

←東京　　　　　　　　　　　　　　　　高松 → ←東京　　　　　　　　　　　　　　出雲市→

唯一一班固定行駛的寢台列車，使用者多半是要前往山陰、四國地區的旅客

287系

| 投入營運：2011年 | 編組：3、4、6節 | 供電方式：直流 |
| 1500V | 最高速度：130km/h | |

287系是為了汰換已老舊的183系，以「雷鳥號」（サンダー

バード）使用的683系車輛為藍本，於2009年6月開發完成的車輛。自2011年3月12日起投入北近畿地區特急列車的營運，隔年2012年3月17日也投入了「黑潮號」的運行。

全車皆為電動車，藉此統一規格，成功降低成本。

車體採用鋁合金材質的雙皮層結構，達成輕量化的同時，更將駕駛所需的機器設備統一搭載於同1節車廂，使得設計上更顯合理。

東方白鶴號 JR 西日本

行駛但馬名湯城崎溫泉與新大阪的特急列車

「東方白鶴號」（こうのとり）目前的主力雖為289系車輛，但14列的往返車班中，有2往返列次使用287系，是行駛於新大阪與福知山、豐岡、城崎溫泉間的特急列車。「東方白鶴號」前身為國鐵時代L特急的「北近畿號」（北近畿）。與「城崎號」（きのさき）同為北近畿特急相當具代表性的列車。

| 行駛區間：新大阪～福知山、城崎溫泉 | 行駛距離：187.5km |
| （新大阪～城崎溫泉） 所需時間：2小時48分鐘（3號） |
| 列車班次：2列次往返（其中1列次的起訖為福知山） |
| 表定時速：67.0km（3號） |

「東方白鶴號」車廂編組（一例）

4號車	3號車	2號車	1號車
普通車	普通車	普通車	普通車
自由席	自由席	指定席	指定席

←新大阪　　　　　　　　　城崎溫泉→

橋立號 JR 西日本

駛入京都丹後鐵道的特急列車

「橋立號」（はしだて）會從京都出發，沿山陰本線朝福知山前進。到了福知山後，便進入京都丹後鐵道的宮福線，並朝天橋立前進的特急列車。其中1往返更延伸至同屬京都丹後鐵道的宮津線，終點站為豐岡。

「橋立號」自1996年3月16日亮相後，便扮演著能駛入北近畿丹後鐵道（現在的京都丹後鐵道）的特急列車角色，運行至今日。

| 行駛區間：京都～天橋立 | 行駛距離：123.3km | 所需時間： |
| 小時（1號） | 列車班次：3列次往返 | 表定時速：74.5km（1 |

「橋立號」車廂編組（一例）

4號車	3號車	2號車	1號
普通車	普通車	普通車	普通車
自由席	自由席	指定席	指定席

←京都　　　　　　　　　天橋3

駛於山陰本線的287系「東方白鶴號」，車窗下方以深紅色線條做裝飾

成崎號 JR西日本

行駛但馬名湯城崎溫泉與京都的特急列車

於1996年3月16日亮相後便是北近畿特急的代表性列車，更負責連接京都與山陰名湯城崎溫泉的觀光特急列車。其實並非有的「城崎號」皆以城崎溫泉為起訖站，以福知山為起訖站的車數反而更多。另有1往返班次以豐岡站為起訖站。

行駛區間：京都～福知山、豐岡、城崎溫泉　行駛距離：158.0 km（京都～城崎溫泉）　所需時間：2小時20分鐘（1號，終點為城崎溫泉）　列車班次：包含起訖為城崎溫泉、豐岡、福知山的班次，共10列次往返　表定時速：67.7km（1號）

「城崎號」車廂編組

7號車	6號車	5號車	4號車	3號車	2號車	1號車
普通車 指定席	普通車 指定席	普通車 自由席	普通車 自由席	普通車 自由席	普通車 指定席	普通車 指定席 綠色車 指定席

←京都　　東舞鶴→←京都　　　　　　豐岡→

黑潮號 JR西日本

繞行紀伊半島沿岸的觀光特急列車

「黑潮號」除了使用287系，亦投入了283系與289系，共計3款車輛。其中，287系的投入班次最多，共有8個往返列次。

行駛區間：京都～新宮　行駛距離：315.5km　所需時間：4小時39分鐘（3號）　列車班次：8列次往返　表定時速：67.8km（3號）

「黑潮號」車廂編組

6號車	5號車	4號車	3號車	2號車	1號車
普通車 指定席	普通車 指定席	普通車 自由席	普通車 自由席	普通車 指定席	普通車 指定席 綠色車 指定席

←京都、新大阪　　　　　　　新宮→

287系「黑潮號」，車窗下的線條為海藍色

與JR線相互直通的私鐵車輛②

京都丹後鐵道 KTR8000型

「丹後接力號」、「橋立號」、「舞鶴號」

連接起JR福知山及丹後半島

京都丹後鐵道（前身為北近畿丹後鐵道）承接舊國鐵的宮津線與福知山～宮津間新設的宮福線，在1982年9月22日獨立為第三部門鐵道公司。KTR8000型是北近畿丹後鐵道開發的特急型氣動車，過去又被暱稱為「丹後發現號」，可行駛至京都。目前除了用在「丹後接力號」外，亦負責JR西日本特急「橋立號」與「舞鶴號」的部分營運。

京都丹後鐵道的KTR8000型以京都的海為概念，編組成「丹後之海」列車

289系

投入營運：2015年　編組：3、4、6節　供電方式：直流1500V　最高速度：130km/h

289系是為了汰換「黑潮號」、「東方白鸛號」、「城崎號」所使用的381系，以直交流兩用的特急型電車683系改造而成。顏色塗裝雖有改變，但性能與外觀幾乎相同。供電方式則由直交流兩用變更為直流專用。最高速度從原本的160km降至130km。車體與683系一樣，都是採鋁合金材質的雙皮層結構。

東方白鸛號　JR 西日本

引領乘客從京都進入丹後地區的觀光特急列車

除了2列次往返的287系車次外，「東方白鸛號」皆採用289系車輛運行。列車編組多元，主要採用4節車廂，另有3節及7節的設定。3節編組列車有1往返班次是行新大阪～福知山，其餘則是延伸至豐岡或城崎溫泉。即便是短編組列車也會於觀光旺季增併，以7節車廂運行。

行駛區間：京都～福知山、豐岡、城崎溫泉　行駛距離：187.5km（新大阪～城崎溫泉）　所需時間：2小時50分鐘（1號）　列車班次：12列次往返　表定時速：66.2km（1號）

行駛於福知山線的289系「東方白鸛號」

黑潮號　JR 西日本

往返於新大阪及白濱的觀光特急列車

「黑潮號」除使用287系車輛，亦投入了283系與289系的運行。其中投入量最大的是287系，共8列次往返，接著是289系，共5列次往返，283系則是下行3列、上行4列。但是能從京都、新大阪前往新宮的，只有283系與287系，289系的所有班次起訖站皆為新大阪與白濱。

行駛區間：新大阪～白濱　行駛距離：181.3km　所需時間：2小時32分鐘（5號）　列車班次：5列次往返　表定時速：71.6km（5號）

「黑潮號」車廂編組

	6號車	5號車	4號車	3號車	2號車	1號車
	普通車	普通車	普通車	普通車	普通車	綠色車廂
	指定席	指定席	指定席	自由席	自由席	指定席

←新大阪　　　　　　　　　　　　　　白濱

行駛於紀勢本線的289系「黑潮號」，此列車車窗下的線條為海藍色

E351系

投入營運：1993年　**編組**：4、8節　**供電方式**：直流1500V　**最高速度**：130km/h　**特色**：JR東日本首款自然傾斜式列車，也是第一款型號名為「E」開頭的車輛

E351系是JR東日本為了汰換逐漸老舊的183系，以及提升「梓號」的速度所開發之車輛，自1993年12月23日起，投入「梓號」的運行。同時也是JR東日本首款採用自然傾斜式的車款。採用可控制的自然傾斜式系統，再加上低底盤化的改善，讓列車行駛中央本線山區路段時，無須降低車速。E351系更搭載VVVF控制系統、發電與再生制軔系統，以及防雪制軔、減速制軔裝置。

超級梓號　JR東日本

與「梓號」引領乘客，從東京進入信州的觀光特急列車

扮演著引領乘客認識信州的「梓號」列車其實相當受歡迎，但考量了183系的速表現，於是在1994年12月23日投入了「超級梓號」，並設定為更高階的列車。與「梓號」相比，新宿～松本的所需時間最多縮短17分鐘。2001年12月日開始將E257系投入「梓號」的運行後，兩者便不再有車速上的差異。車身用以淺駝色為基調的3色造型，可是更加撩起了乘客對信州之旅的情懷。

行駛區間：新宿～松本　**行駛距離**：225.1km
所需時間：2小時39分鐘（1號）
列車班次：8列次往返　**表定時速**：84.9km（1號）

「超級梓號」車廂編組

	1號車	2號車	3號車	4號車	5號車	6號車	7號車	8號車	9號車	10號車	11號車	12號車
	普通車	普通車	普通車	普通車	普通車	普通車	普通車	普通車	綠色車廂	普通車	普通車	普通車
	指定席	指定席	自由席	自由席	自由席	自由席	指定席	指定席	指定席	指定席	指定席	指定席

←新宿　　　　　　　　　　　　　　　　　　　　　　松本

南阿爾卑斯山群為背景，輕快行駛的「超級梓號」

E351系為自然傾斜式列車

「超級梓號」4號車與5號車的前頭車部分相連後，就能以12廂編組行駛

以E353系取代逐漸老舊的E351系

自1994年12月3日開始將「超級梓號」專用的E351系投入營運後，車輛也逐漸老舊，於是接著開發出用來汰換E351系的新型車輛，並於2015年7月25日完成1編組12節車廂的列車生產。原本計畫要在2016年度投入營運，但為了記取E351系車體傾斜裝置出問題時所學到的教訓，E353系的檢討更為仔細謹慎，不斷測試運行，也使得啟用時程延後到2018年度。

E353系搭載了再生與發電制軔並用的電氣指令式空氣制軔等新技術，至於最高速度則與E351系、E257系一樣，皆設定為130km。

試走於中央東線的E353系

373系

投入營運：1995年　編組：3節　供電方式：直流1500V
最高速度：120km/h　特色：亦可作為中距離列車運用

373系是JR東海為了取代老舊的165系，自1995年10月1日起投入身延線特急「富士川號」（ふじかわ）營運的車輛。雖是特急型車款，但預設也會使用在中距離的快速、普通列車中，因此採1列3節車廂的短編組。

車體材質為輕量不鏽鋼，僅車頭處為鋼製。搭載VVVF變頻控制裝置，制軔系統並用再生制軔與發電制軔。座位部分採2＋2人的旋轉式翻背椅，頭尾車廂前方設有半包廂式的空間，能供團體客使用。

（Wideview）伊那路號  JR 東海

沿天龍川的風景名勝地行駛

「（Wideview）伊那路號」（（ワイドビュー）伊那路）在1996年3月16日改點時登場，是將原本臨時急行的「伊那路號」改頭換面後，升格為特急列車。這也是飯田線的首列特急。雖設定2列次往返，但並不行駛飯田線全線，起訖為飯田站。

行駛區間：豐橋～飯田　行駛距離：129.3km　所需時間：2小時32分鐘（1號）　列車班次：2列次往返
表定時速：49.1km（1號）

「（Wideview）伊那路號」車廂編組

3號車	2號車	1號車
普通車	普通車	普通車
自由席	自由席	指定席

←豐橋　　　　　飯田→

「（Wideview）伊那路號」是連接豐橋與飯田的特急列車，但僅2列次往返

（Wideview）富士川號 JR 東海

沿著富士川的身延線特急

「（Wideview）富士川號」（（ワイドビュー）ふじかわ）連接起東海道本線的富士與中央本線的甲府，首輛投入身延線的特急列車。1995年10月1日由373系取代既有的165系車輛繼續運行，並打造成仿似觀光特急列車的外觀，每天有7列次往返於靜岡～甲府間。

行駛區間：靜岡～甲府　行駛距離：122.4km　所需時間：2小時11分鐘（1號）　列車班次：7列次往返
表定時速：56.1km（1號）

「（Wideview）富士川號」車廂編組

3號車	2號車	1號車
普通車	普通車	普通車
自由席	自由席	指定席

←靜岡　　　　　甲府→

沿著富士川行駛的身延線特急「（Wideview）富士川號」

381系

投入營運：1973年	編組：4節	供電方式：直流1500V
最高速度：120km/h	特色：日本首款傾斜式列車	

　　381系是1973年7月中央西線與篠之井線電氣化時亮相的車輛，用來投入特急「信濃號」（しなの）的運行。「信濃號」原本是使用183系氣動車，但中央本線從中津川以東到篠之井線路段有連續的陡坡與急彎，キハ183系在速度提升的改善上有其極限。當2路線在1982年7月電氣化後，便利用這個機會，投入了日本首款傾斜式列車381系。若想在陡坡與急彎維持行駛速度，列車重心就必須夠低，因此除了集電弓，其他所有的機器設備皆裝配在車底。

　　其後，381系在1978年10月亦挺進了紀勢本線，開始投入「黑潮號」的運行。隨著伯備線電氣化，也於1982年7月投入「八雲號」（やくも）的營運。381系已完全退出「信濃號」及「黑潮號」，目前僅剩「八雲號」仍使用381系車輛。

八雲號　JR 西日本

經伯備線連接起山陽及山陰

　　「八雲號」於1959年9月22日亮相，是行駛於米子～博多的準急行列車。開始被作為岡山～出雲市特急列車暱稱，則是要等到1972年3月15日，山陽新幹線岡山站通車之際。當時的使用車輛為キハ181系。1982年7月1日，隨著伯備線電氣化，也將車輛切換為381系。

　　1994年12月3日，雖將13列次往返中的4往返班次改成速達型「超級八雲號」（スーパーやくも），但2006年3月18日便予以廢除，其後所有的特急列車皆統一為「八雲號」。目前共計15列次往返，下行班次與上行班次分別是於4分與34分定時發車。

行駛區間：岡山～出雲市　行駛距離：220.7km　所需時間：小時5分鐘（1號）　列車班次：15列次往返　表定時速：71. km（1號）

「八雲號」車廂編組

4號車	3號車	2號車	1號車
普通車	普通車	普通車	綠色車
自由席	指定席	指定席	指定席

←岡山　　　　　　　　　　　　出雲

沿高梁川行駛於彎道路段時，就能發揮作用的381系傾斜式列車

383系

投入營運：1995年　編組：2、4、6節　供電方式：直流
1500V　最高速度：130km/h

383系於1995年4月29日亮相，是開發用來汰換381系，投入「信濃號」的運行。屬傾斜式特急車輛，在彎道較多的山岳

地區表現相當優異。

383系以「更快、更舒適、更方便」為宗旨，搭載了不鏽鋼車體、VVVF變頻控制系統、無枕樑式轉向架、單臂式集電弓等當時的最新設備，達成了輕量化與高性能化。最高速度更比381系快了10km。此外，383系採用可控式傾斜系統後，過彎時的搭乘表現也更加舒適。

車身的側窗高度，則從原本381系的63cm拉至95cm，加高30cm之多，因此眺望的視野更加廣闊。

（Wideview）信濃號

越信濃路的快腿跑者　JR東海

（Wideview）信濃號」（（ワイドビュー）しなの）是1996年12月1場，用來取代381系「信濃號」的列車。

論是普通車廂或綠色車廂，座位間隔皆變得更大。綠色車廂地面甚有地毯，並設置閱讀燈等。與381系相比，在舒適性表現上有明顯

去有1往返列次是以大阪為起訖站，但隨著2014年3月26日的改除，目前所有班次的起訖皆為名古屋。

行駛區間：名古屋～長野　行駛距離：250.8km　所需時間：3小時1分鐘（1號）　列車班次：13列次往返　表定時速：83.1km（1號）

「（Wideview）信濃號」車廂編組

6號車	5號車	4號車	3號車	2號車	1號車
普通車	普通車	普通車	普通車	普通車	綠色車廂
自由席	自由席	指定席	指定席	指定席	指定席

←名古屋　　　　　　　　　　　　　　　　長野→

從381系改為383系後，舒適性更加提升的「（Wideview）信濃號」

雪花，馳騁在篠之井線的383系列車。0番台的前頭車為非貫通型

43

8000系

投入營運：1992年　編組：2、3、5節　供電方式：直流
1500V　最高速度：130km/h　特色：JR四國首款特急型電車

8000系是在JR四國完成予讚線高松～松山路段的電氣化時亮
相，用來投入特急「潮風號」（しおかぜ）運行的車輛。屬可控

制的傾斜式列車，採用不鏽鋼車體，搭配VVVF變頻控制裝置
追求輕量化的同時，更裝設了能讓集電弓維持朝上的架線追蹤裝
置，讓8000系在過彎時也能高速行駛。此外，列車的側窗大，視
野相當寬廣。

8000系能以5節及3節車廂為單位進行分割和併結。這其實也
反映出JR四國內部本身的情況，被迫必須能做出各種複雜的因應
運用。

8000系目前使用在「潮風號」、「石鎚號」（いしづち）的營運

潮風號 JR 四國

活躍於四國主要路段高松～松山間

8000系「潮風號」於1993年3月18日登場，是代表著JR四
國的特急列車。幾乎所有班次都會在宇多津站與「石鎚號」進行
分割、併結。目前除了使用8000系，也投入部分的8600系車
輛，其中的2列次往返為麵包超人列車。

行駛區間：岡山～松山　行駛距離：214.4km　所需時間：2
小時42分鐘（1號）　列車班次：9列次往返（部分列車非每天
行駛）　表定時速：79.4km（1號）

四國知名「麵包超人列車」的8000系，相當受到孩童喜愛

過彎也能高速行駛且搭乘相當舒適的8000系。金屬銀的車身以車門框顏色區分指定席與自由席

成台鐵列車外觀的8000系「石鎚號」

貫通型前頭車的8000系「石鎚號」，會在宇多津站與「潮風號」連結

石鎚號 JR 四國

與「潮風號」一同行駛在JR四國的動脈上

「石鎚號」是1988年4月10日，本四備讚線瀨戶大橋線通車時登場的列車。當時是以2000系氣動車營運，其後8000系的運行量減少，8600系的投入增加。其中的1列次往返為麵包超人列車。幾乎所有的「石鎚號」都會在宇多津站與「潮風號」進行分割和併結。

行駛區間：高松～松山　行駛距離：194.4km　所需時間：2小時28分鐘（1號）　列車班次：12列次往返（其中1往返為「麵包超人列車」。部分列車非每天行駛）　表定時速：78.8km（1號）

8000系「潮風號」＋「石鎚號」車廂編組

1號車	2號車	3號車	4號車	5號車	6號車	7號車	8號車
合造車廂	普通車	普通車	普通車	普通車	普通車	普通車	普通車
指定席/指定席	指定席	指定席	自由席	自由席	自由席	自由席	指定席

←松山　　「潮風號」　　　岡山→ ←松山　「石鎚號」　高松→

8600系

投入營運：2014年　編組：2、3節　供電方式：直流1500V　最高速度：130km/h　特色：車體採空氣彈簧傾斜系統

8600系是為了汰換逐漸老舊的2000系特急型氣動車所開發於2016年3月26日開始運行。該車款雖是延續8000系的特急型電車，但8000系採可控制的自然傾斜式系統，8600系則入了空氣彈簧傾斜系統，不僅簡化了保養，也能縮短抵達所需間，更是JR四國繼8000系，暌違21年推出的特急型電車。

目前雖投入「潮風號」與「石鎚號」的運行，但只有其中1往返的「石鎚號」是採4節車廂編組。

石鎚號 JR四國

與「潮風號」一同行駛在JR四國的動脈上

8600系投入「石鎚號」的運行，是2016年3月26日改點之後。

行駛區間：高松～松山　行駛距離：194.4km　所需時間：2小時27分鐘（11號）　列車班次：無法精算（多班次能與8000系共同運行，還會搭配季節營運）　表定時速：79.3km（1號）

以先行量產車輛之姿登場的8600系2節編組列

潮風號 JR四國

活躍於四國主要路段高松～松山間

8600系投入「石鎚號」的運行，是2016年3月26日改點之後。

行駛區間：岡山～松山　行駛距離：214.4km　所需時間：2小時42分鐘（11號）　列車班次：下行2列、上行3列　表定時速：79.4km（11號）

「潮風號」+「石鎚號」車廂編組

1號車	2號車	3號車	4號車	5號車	6號車	7號車
合造車廂	普通車	普通車	普通車	普通車	普通車	普通車
綠色車廂 指定席	指定席	指定席	自由席	自由席	自由席	自由席 指定席

←松山　「潮風號」　　　　松山 →←岡山「石鎚號」高松→

沿著瀨戶內海馳騁的8600系「石鎚號」、「潮風號」

電車 *Electric train*

特急型
（交流式）

E751系

投入營運：2000年　供電方式：交流20000V
最高速度：130km/h

E751系是為了取代東北地區已老舊的485系「初雁號」（はつかり），所開發的特急車輛。自2000年3月11日開始投入盛岡～青森間「超級初雁號」（スーパーはつかり）的運行，2002年12月1日東北新幹線延伸至八戶後，亦被作為行駛於盛岡～青森弘前間，特急「津輕號」（つがる）的營運。採6節車廂編組2010年12月4日，東北新幹線全線通車至新青森時，雖然暫時消了E751系的營運，但之後又將其投入秋田～青森路段的「津輕號」，並在2011年4月23日縮短成4節車廂編組。

車體採鋁合金材質的雙皮層結構，搭配VVVF變頻控制方式。

目前E751系僅使用於特急「津輕號」。

津輕號　JR東日本

接軌東北新幹線的秋田～青森路段特急列車

「津輕號」的暱稱是起源於1954年10月1日，行駛於上野～青森的不定期特急列車。其後也曾在人稱「出世列車」（譯註：搭乘列車前往都市打拼，功成名就）的「津輕」列車上。隨著時代的變遷，目前是每天3列次往返，行駛於奧羽本線秋田～青森間的連絡特急列車。津輕號也扮演著東北新幹線的乘客在新青森下車後，想前往青森時的接軌列車。

行駛區間：秋田～青森　行駛距離：185.8km　所需時間：2小時40分鐘（1號）　列車班次：3列次往返　表定時速：69.7km（1號）

插秧季節的津輕平原，以及行駛於田園中的E751系「津輕號」

E751系「津輕號」車廂編組

合造車廂	普通車	普通車	普通車
綠色車廂 / 指定席	指定席	指定席	自由席

←秋田　　　　　　　　　　青森 →

車身下方的橘色代表著東北的紅葉

783系

投入營運：1988年　**編組**：4節　**供電方式**：交流20000V
最高速度：130km/h　**特色**：JR集團的首款新造車輛

783系是JR九州從國鐵分割民營化後，開發的首款特急型車

輛，有著「Hyper Saloon」（ハイパーサルーン）的暱稱。
　輕量的不鏽鋼製車體、輕量的無枕梁式轉向架，在徹底輕量化後，成了充滿速度感的車輛。1994年起更與787系一同進行翻修工程。
　1988年3月13日改點時，以「有明號」之名重新亮相，其後便被投入JR九州各幹線，作為特急列車運行。
　亮相至今已30年，因此也開始出現報廢車輛。

綠號　JR九州

連接博多與佐世保的特急列車

1961年誕生，行駛於大阪～博多的特急列車。其後亦作為大阪～熊本、大分的特急列車，並於1976年7月11日成為駛於九州內的特急列車，使用在博多～佐世保路段。

行駛區間：博多～佐世保　行駛距離：117.0km　所需時間：1小時56分鐘（1號）　列車班次：16列次往返　表定時速：60.5km（1號）

「綠號」車廂編組	1號車	2號車	3號車	4號車
	普通車	普通車	普通車	合造車廂
	自由席	自由席	指定席	指定席 綠色車廂

←博多　　　　　　　　　　　　　　佐世保→

綠色車身搭配紅色下擺的貫通型783系列車，車門位於車廂中央

日輪號　JR九州

連接大分與宮崎機場的特急列車

特急「日輪號」（にちりん）是在1990年3月10日，以行駛於博多～南宮崎的「Hyper日輪號」之名登場，此後便一直是眾人熟知的日豐本線特急列車。目前行駛大分～宮崎機場路段，但主力車已切換為787系，783系的「日輪號」僅剩2列次往返。

閃耀號　JR九州

負責行駛鹿兒島本線的黃金路段

行駛於門司港～博多，堪稱鹿兒島本線黃金路段的列車。2003年3月11日以統合「燕子號」與「日輪號」各1列的形式亮相，其後營運狀況明顯成長。783系目前僅負責1列次的往返。

有明號　JR九州

行駛於清晨及深夜的通勤通學用特急列車

「有明號」是1967年10月1日起，以「超級有明號」（スーパー有明）之名，行駛於九州鹿兒島本線的知名特急列車。目前僅負責博多～長洲的3列次往返，同時也是深夜行駛下行班次、清晨行駛上行班次的通勤用特急列車。

魁皇號　JR九州

連接博多與筑豐的通勤通學用特急列車

名稱源自福岡縣直方市的知名相撲大關「魁皇」，是在魁皇仍為相撲選手時於2001年10月6日誕生，同時也是連接博多與直方的通勤用短距離特急列車。2列次往返，另有1班僅週六假日行駛的下行列車，其中783系負責1.5列次往返。

日輪喜凱亞號　JR九州

取自宮崎「喜凱亞度假區」之名的特急列車

「喜凱亞」其實是位於宮崎市的度假設施，「日輪喜凱亞號」（にちりんシーガイア）就是以載運觀光客為目的，於1993年3月18日開設，行駛於博多～南宮崎的列車。
　783系「日輪喜凱亞號」的班次為1列次往返。

投入Hyper Saloon 783系車輛的日豐本線「日輪號」

日向號 JR九州

連接宮崎縣內雙城的通勤通學用特急列車

「日向號」（ひゅうが）是連接延岡與宮崎機場日向地區的特急列車。行駛的時間非常極端，6列次往返中，5班下行的時間為一大清早，6班上行的時間則為傍晚到深夜，可說是相當典型的通勤用特急。其中，783系為2列次往返。

行駛區間：延岡～宮崎、宮崎機場　行駛距離：89.7km（延岡～宮崎機場）　所需時間：1小時19分鐘（1號）
列車班次：2列次往返　表定時速：68.1km（1號）

「日向號」車廂編組（一例）

1號車	2號車	3號車	4號車	5號車
普通車	普通車	普通車	普通車	合造車廂
自由席	自由席	自由席	自由席	自由席 特色車廂

←延岡　　　　　　　　　　　宮崎機場→

整新翻修後，外觀變成橘色的78□

霧島號 JR九州

連接宮崎與鹿兒島中央，日豐本線南端的特急

「霧島號」（きりしま）是在1995年4月20日，從原本行駛於京都～西鹿兒島（現在的鹿兒島中央）的特急列車，變身成連接宮崎～鹿兒島中央（當時的西鹿兒島）的特急列車。目前的主力車輛為787系，783系班次稀少，僅2列次往返。

行駛區間：宮崎～鹿兒島中央　行駛距離：125.9km　所需時間：2小時11分鐘（1號）　列車班次：2列次往返　表定時速：57.7km（1號）

「霧島號」車廂編組（一例）

1號車	2號車	3號車	4號車	5號車
合造車廂	普通車	普通車	普通車	普通車
指定席 特色席 指定席	自由席	自由席	自由席	自由席

←鹿兒島中央　　　　　　　　宮崎→

海鷗號 JR九州

連接博多與長崎的特急列車

「海鷗號」（かもめ）亦是九州知名的特急列車之一，1976□月1日亮相時，是負責行駛於小倉、博多～長崎的特急列車。目前博多～長崎間仍設定多班車次，但幾乎都是使用787系車輛，783系僅2列次往返，且起訖站為佐賀。

豪斯登堡號 JR九州

以九州度假勝地命名的特急列車

特急「豪斯登堡號」（ハウステンボス）是以載運觀光客為目的，配合1992年3月25日豪斯登堡開幕，行駛於博多～豪斯登堡間的列車。

4往返列次皆使用783系車輛。

有著綠色車裙的非貫通型783系「豪斯登堡號」

785系

投入營運：1990年　**編組**：5節　**供電方式**：交流20000V
最高速度：130km/h（基本番台）、140km/h（300番台）　**特色**：首款採用VVVF控制方式的交流電車

函館本線的札幌～旭川路段原本是設定由781系特急的「紫

丁香號」（ライラック）與「白箭號」（ワイトアロー）運行，所需時間約為1.5小時。JR北海道為提升競爭力，開發785系車輛，並因應1990年10月30日高速公路通車，於1990年9月1日投入「超級白箭號」（スーパーホワイトアロー）的運行。車體選擇不鏽鋼製以求輕量化，並搭配無枕梁式轉向架，控制方式則為交流式電車首次導入的VVVF控制裝置，皆為當時的最新技術。但隨著車輛不斷老舊，JR北海道規劃最慢會在2019年前讓785系全數退役。

鈴蘭號 　JR北海道

經千歲線連接起室蘭與札幌的特急列車

「鈴蘭號」（すずらん）是1992年7月1日起，行駛於室蘭及晃間（室蘭～東室蘭段為普通列車）的特急列車。車輛原本採81系的4節編組，2007年10月1日與札幌～旭川的特急列車超級神威號」（スーパーカムイ）一同切換成785系，但785系今也已屆退役時刻。

行駛區間：室蘭～札幌　**行駛距離**：136.2km　**所需時間**：1時47分鐘（1號）　**列車班次**：6列次往返（室蘭～東室蘭段普通列車；1列次往返的起訖站為東室蘭）　**表定時速**：76.4m（1號）

「鈴蘭號」車廂編組（一例）

1號車	2號車	3號車	4號車	5號車
普通車	普通車	普通車	普通車	普通車
自由席	自由席	自由席	指定席	自由席

←室蘭　　　　　　　　　　札幌→

駛抵札幌站的「鈴蘭號」，車窗下有著綠色線條

了因應降雪，車裙上鑽有孔洞的785系

51

787系

投入營運：1992年　**編組：**4、6、7節　**供電方式：**交流 20000V　**最高速度：**130km/h　**特色：**JR集團內製造輛數 首次破百的特急型車款

787系是以811系近郊型交流式電車為藍本開發而成，並於

1992年7月15日投入特急「燕子號」的營運時亮相。

車體以普通鋼搭配高張力鋼，達整體輕量化之目的，並採用□ 枕梁式轉向架。「燕子號」為7節車廂編組，1號綠色車廂除□ 座椅外，亦設有4人用包廂，但隨著九州新幹線新八代～鹿兒□ 中央路段通車，787系被投入行駛於博多～新八代的「接力燕□ 號」（リレーつばめ）時，則改造成普通車廂。

其後經過多次改造，目前除7節編組外，也會以4節與6節□ 式行駛載運。

日輪號　JR九州

眾人相當熟悉的日豐本線特急列車

目前行駛於大分～宮崎機場路段，主要都是使用787系車輛。 （詳情參照P49）

行駛區間：大分～宮崎機場　行駛距離：213.0km　所需時 間：3小時30分鐘（1號）　列車班次：下行10列、上行9列 （其中1往返的起迄站為小倉；中津～大分路段亦有1往返列 次）　表定時速：60.9km（1號）

「日輪號」、「日輪喜凱亞號」車廂編組（一例）

4號車	3號車	2號車	1號車
普通車	普通車	普通車	合造車廂
自由席	自由席	自由席	指定席　綠色車廂

←大分　　　　　　　　　　　　宮崎機場→

日輪喜凱亞號　JR九州

1993年誕生的度假村特急列車

787系「日輪喜凱亞號」設定有1班上行列次。（詳情參照P49）

有明號　JR九州

專為通勤通學用的特急列車

「有明號」是自1988年3月13日，開始行駛於鹿兒島本線 的九州知名特急列車。1往返列次為783系，1.5往返列次則□ 787系車輛。（詳情參照P49）

魁皇號　JR九州

快速相接博多與直方的通勤用特急列車

設有2列次往返（另有1班僅平日行駛的下行列車），其中1□ 返為787系車輛。（詳情參照P49）

綠號　JR九州

大量行駛於九州的特急列車

主力為783系車輛，787系的運行僅1班下行及2班上行□ 車。（詳情參照P49）

787系「日輪號」正穿梭在春意盎然的日豐本線上

節編組的787系「海鷗號」為博多～長崎間的主力列車

連接起北九州都市間，設有DX綠色車廂的「閃耀號」

海鷗號 　JR九州

九州老字號特急列車之一

雖有多班行駛於博多～長崎路段，但除了2往返列次使用783系，其餘班次幾乎由787系與885系包辦。（詳情參照P50）

行駛區間：博多～長崎　行駛距離：153.9km　所需時間：2小時5分鐘（1號）　列車班次：10列次往返　表定時速：73.9km（1號）

「海鷗號」車廂編組

7號車	6號車	5號車	4號車	3號車	2號車	1號車
普通車	普通車	普通車	普通車	普通車	普通車	綠色車廂
自由席	自由席	自由席	指定席	指定席	指定席	包廂 約翰

←博多　　　　　　　　　　　　　　　　　　　　長崎→

閃耀號 　JR九州

結合「燕子號」與「日輪號」的列車

行駛於門司港～博多，堪稱鹿兒島本線黃金路段的列車。除1列次往返的783系，其餘皆使用787系車輛。（詳情參照P49）

行駛區間：門司港～博多　行駛距離：78.2km　所需時間：1小時15分鐘（1號）　列車班次：下行10列、上行12列　表定時速：62.6km（1號）

「閃耀號」車廂編組（一例）

1號車	2號車	3號車	4號車	5號車	6號車
綠色車廂	普通車	普通車	普通車	普通車	普通車
絕無餘 包廂	指定席	指定席	自由席	自由席	自由席

←博多　　　　　　　　　　　　　　　　門司港→

日向號 　JR九州

連接宮崎機場與城市間的特急列車

僅行駛於延岡與宮崎機場日向地區的特急列車。787系共有4列往返。（詳情參照P50）

霧島號 　JR九州

目前運行主力為787系車輛

行駛於宮崎～鹿兒島中央的特急列車，目前的主力為787系車輛。（詳情參照P50）

789系

投入營運：2002年　**編組**：5、6節　**供電方式**：交流20000V　**最高速度**：140km/h

789系是當東北新幹線在2002年12月1日延伸至八戶時，投入

特急「超級白鳥號」，行駛於八戶～函館間的列車。為了能讓列車行駛於當時世界最長的青函海底隧道，車輛不僅擁有高氣密性在隧道內的爬坡路段還能以140km的時速行駛（目前時速為13□km）。車體採輕量化不鏽鋼，並搭載VVVF變頻控制裝置。

2007年10月1日起，789系更取代行駛於札幌～旭川間的78□系車輛，投入「超級神威號」的營運。另也使用在快速列車「機場□號」（エアポート）與「Home Liner」（ホームライナー）。

神威號　JR北海道

行駛於JR北海道黃金路段的特急列車

「神威號」（カムイ）的前身為2007年開始運行的「超級神威號」。當2017年「神威號」與「紫丁香號」重新編組後，「超級神威號」又再次亮相。

與「紫丁香號」一同行駛於札幌與旭川兩大北海道都市。

行駛區間：札幌～旭川　**行駛距離**：136.8km　**所需時間**：1小時25分鐘（7號）　**列車班次**：10列次往返　**表定時速**：96.6km（7號）

鈴蘭號　JR北海道

經千歲線連接起室蘭與札幌的特急列車

「鈴蘭號」是1992年7月1日起，連接室蘭與札幌（室蘭～東室蘭段為普通列車）的特急列車。車輛原本採781系的4節編組，2007年10月1日與札幌～旭川的特急列車「超級神威號」一同切換成785系。目前同時使用785系與789系車輛。

行駛區間：室蘭～札幌　**行駛距離**：136.2km　**所需時間**：1小時47分鐘（1號）　**列車班次**：6列次往返（室蘭～東室蘭段為普通列車；1列次往返的起訖站為東室蘭）　**表定時速**：76.4km（1號）

「神威號」、「鈴蘭號」車廂編組（一例）

5號車	4號車	3號車	2號車	1號車
普通車	普通車	普通車	普通車	普通車
自由席	指定席	自由席	自由席	指定席

←札幌　　　　　　　　　　旭川→

紫丁香號　JR北海道

行駛於JR北海道黃金路段的特急列車

「紫丁香號」的前身為2007年開始運行的「超級神威號」。□2017年「神威號」與「紫丁香號」重新編組後，「超級神威號」又再次亮相。

與「神威號」一同行駛於札幌與旭川兩大北海道都市。

行駛區間：札幌～旭川　**行駛距離**：136.8km　**所需時間**：1小時25分鐘（1號）　**列車班次**：14列次往返　**表定時速**：96.6km（1號）

「紫丁香號」車廂編組

6號車	5號車	4號車	3號車	2號車	1號車	
普通車	普通車	普通車	普通車	普通車	合造車廂	
自由席	自由席	自由席	自由席	指定席	指定席	指定席

←札幌　　　　　　　　　　　　　旭川→

用在室蘭本線「鈴蘭號」的789系1000番台

塗裝著清新綠色，馳騁於函館本線的「紫丁香號」

883系

投入營運：1995年　編組：7節　供電方式：交流20000V
最高速度：130km/h　特色：JR九州首款傾斜式電車

883系是JR九州在1995年4月20日推出，作為「音速日輪號（ソニックにちりん）使用，相當自豪的特急型車輛。前頭車奇特的配色令人驚豔，充滿金屬感的蔚藍色亦是獨特。車內設計不僅充斥紅、綠、藍這些極端色彩，感覺就像某種動物耳朵的頭枕更是前所未見。

這是JR九州透過787系找出自己車輛設計的新方向後，為求更加躍進所開發的車款。

為了能夠以高速行駛於日豐本線的山區路段，JR九州更首度採用傾斜式設計，搭載空氣控制的無枕梁式轉向架。此外，車體為求輕量化，不僅以輕量不鏽鋼打造車輛，也使用VVVF變頻控制裝置。

883系為日豐本線特急「音速號」（ソニック）的專用車輛。

音速號　JR九州

領21世紀嶄新設計的特急列車

「音速號」於1997年3月22日誕生，是行駛於博多～大分間的特急車。先行投入「音速日輪號」使用的就是883系車輛。「ソニック」（Sonic）意指「音速」。該列車更無愧其名，能以維持高速的方式，行於日豐本線靠近小倉的山區路段。標榜「來自不可思議國度的列車Wonderland Express」，是輛散發著童話故事氛圍的特急列車。

行駛區間：博多～大分等　行駛距離：198.5km　所需時間：2小時22分鐘（1號）　列車班次：下行20列、上行22列（博多～大分路段班次）　表定時速：82.7km（1號）

「音速號」車廂編組

7號車	6號車	5號車	4號車	3號車	2號車	1號車
普通車	普通車	普通車	普通車	普通車	普通車	合造車廂
自由席	自由席	自由席	自由席	指定席	指定席	指定席 綠廂

←博多　　　　　　　　　　　　　　　　　　大分→

前方中央裝有霧燈的編組列車

883系的顏色為充滿金屬感的藍色，特色在於如機器人般的車頭

885系

投入營運：2000年　編組：6、7節　供電方式：交流
20000V　最高速度：130km/h　特色：JR九州繼883系開發
的傾斜式車輛

885系是為了汰換已老舊的485系與提升速度為目的所開發的車輛。2000年3月11日，首度投入16列次往返的「海鷗

號」與2列次往返的「音速號」營運。由於車身為白色，因此也被稱為「白海鷗號」（白いかもめ）和「白音速號」（白いソニック）。JR九州的特急車輛幾乎都是以不鏽鋼打造，顏色上則會採用灰色，或直接露出不鏽鋼色。但885系卻打破慣例，以全白的鋁合金車體登場。

在規格上則是採用空氣控制的傾斜式車輛，藉此擠壓車體，成功實踐將前頭車變得更有弧度等嶄新型態。885系與883系一樣，是除了部分路段外，能以時速130km行駛的急速跑者。

基本上會以「白海鷗號」及「白音速號」稱呼列車名。

海鷗號　JR九州

與787系一同馳騁於博多～長崎間的特急列車

行駛小倉、博多～長崎間的特急列車。除783系有2列次往返外，其餘班次幾乎由885系與787系包辦。（詳情參照P50）

音速號　JR九州

連接博多與大分的「白色音速號」

「音速號」於1997年3月22日誕生，是行駛於博多～大分間的特急列車。先行投入的「音速日輪號」是使用883系車輛，但自2000年3月11日起，又加入了885系的運行，目前以這2款車輛搭配營運。

行駛區間：博多～大分等　行駛距離：198.5km　所需時間：2小時22分鐘（5號）　列車班次：11列次往返　表定時速：83.9km（5號）

「音速號」車廂編組

6號車	5號車	4號車	3號車	2號車	1號車
普通車	普通車	普通車	普通車	普通車	合造車廂 綠色車廂
自由席	自由席	自由席	指定席	指定席	指定席

←博多　　　　　　　　　　　　　　大分→

行駛區間：博多～長崎　行駛距離：153.9km　所需時間：小時2分鐘（3號）　列車班次：16列次往返　表定時速：75. km（1號）

「海鷗號」車廂編組

6號車	5號車	4號車	3號車	2號車	1號車
普通車	普通車	普通車	普通車	普通車	合造車廂 綠色車廂
自由席	自由席	自由席	指定席	指定席	指定席

←博多　　　　　　　　　　　　　　長崎→

時刻表上也標列為「白海鷗號」的885系車輛

JR九州車輛的形狀與塗裝獨樹一格，885系為當中最充滿俐落感的車輛

電車 *Electric train*

特急型
（直交流式）

651系

投入營運：1989年　編組：7節　供電方式：直流1500V、交流20000V　最高速度：130km/h

考量運用在常磐線特急「常陸號」（ひたち）的485系漸趨老舊，於是開發了汰換用的651系，並於1989年正式登場，投入

「超級常陸號」（スーパーひたち）的營運。651系的設計相當新，尤其是前頭車的形狀更使其有著「吸塵器」的特殊名號。

車輛搭載激磁控制裝置與電力再生制軔系統，同時裝備無枕式轉向架，設計上的最高速度為160km。營運行駛的最高速度則壓在130km，但此速度在當時而言已相當具跨時代意義。

之後在2012年3月17日，「超級常陸號」與「Fresh常陸號」（フレッシュひたち）一同切換為E657系後，651系車輛便退出常磐線，轉用在高崎線、吾妻線的特急列車上。

Swallow 赤城號　JR 東日本

連接高崎線、兩毛線與都心的通勤通學用特急列車

前身為1997年10月1日登場的新特急「Sawayaka赤城號」，後來更名為「赤城號」（あかぎ）。「赤城號」目前仍有臨時列車運行，但固定班次僅剩「Swallow赤城號」，負責連接上野與本庄、高崎、前橋。該列車的特色在於上行與下行班次數量差異極大，是通勤通學色彩濃烈的特急列車。「Swallow」是取自過去國鐵知名特急列車「燕子」（つばめ），以及日文「座ろう」的諧音。

行駛區間：上野～本庄、高崎、前橋　行駛距離：114.8km（上野～前橋）　所需時間：1小時36分鐘（9號）　列車班次：下行8列、上行4列　表定時速：71.8km（1號）

草津號　JR 東日本

前進名湯草津溫泉的特急列車

人稱新特急的「草津號」是在1985年3月14日亮相。其後就一直是眾人熟知，行駛於上野並進入吾妻線的特急列車。過去雖曾運至萬座、鹿澤口，但目前列車在長野原草津口就會折返。

行駛區間：上野～長野原草津口　行駛距離：168.1km　所需時間：2小時18分鐘（1號）　列車班次：2列次往返　表定時速：73.1km（1號）

「Swallow 赤城號」車廂編組

	1號車	2號車	3號車	4號車	5號車	6號車	7號車
	普通車	普通車	普通車	綠色車廂	普通車	普通車	普通車
	指定席	指定席	指定席	指定席	指定席	指定席	指定席

←上野　　　　　　　　　　本庄、高崎、前橋

「草津號」車廂編組

	1號車	2號車	3號車	4號車	5號車	6號車	7號車
	普通車	普通車	普通車	綠色車廂	普通車	普通車	普通車
	自由席	自由席	指定席	指定席	指定席	指定席	指定席

←上野　　　　　　　　　　長野原草津口→

人稱晚禮服車體的塗裝，車窗下方有著橘色線條

駛過吾妻川鐵橋的「草津號」，車內載著觀光客，相當熱鬧

E653系

投入營運：1997年　編組：4、7節　供電方式：直流1500V、交流20000V　最高速度：130km/h　特色：JR集團首款採雙皮層結構的車輛

當651系投入常磐線特急「超級常陸號」的營運時，其實仍保留著485系的行駛。但為了汰換485系，於是開發出E653系，並在1997年10月1日，以「Fresh常陸號」之名亮相，採

7節編組，全車皆為普通車廂。

車體是使用大型鋁合金押出成型的雙皮層結構，力圖輕量化，並搭載VVVF變頻控制裝置。

E653系有紅色、藍色、黃色、橘色4款塗裝色，分別以偕樂園的好文亭、鹽屋崎燈塔與太平洋、霞浦帆船、袋田瀑布的紅葉為主題設計而成。

原本已規劃要將E653系調給常磐線開往仙台的列車使用，但因發生東日本大地震而取消，所有車輛改遷入新潟車輛基地，於2015年3月14日投入「白雪號」（しらゆき）與「稻穗號」（いなほ），重啟運行，當然塗裝色也做了變更。

稻穗號 `JR 東日本`

連接新潟與酒田、秋田的日本海特急列車

「稻穗號」是在1969年10月1日登場，經上越線接上野與秋田的特急列車，接著又在1982年10月1日改成行駛於新潟～秋田、青森路段的特急列車。為延續傳統，於2013年9月28日投入E653系，成為連接新潟～酒田、秋田間的特急車輛。7列往返中的4往返班次起訖站為酒田。

行駛區間：新潟～酒田、秋田　行駛距離：273.0km　所需時間：2小時37分鐘（1號）　列車班次：7列次往返　表定時速：104.3km（1號）

「稻穗號」車廂編組

1號車	2號車	3號車	4號車	5號車	6號車	7號車
普通車	普通車	普通車	普通車	普通車	普通車	綠色車廂
自由席	自由席	自由席	指定席	指定席	指定席	指定席
←新潟						酒田、秋田→

以稻穗為概念的塗裝。當然也少不了耐寒耐雪對策的E653系「稻穗號」

白雪號 `JR 東日本`

連接妙高躍馬線的新井與新潟的特急列車

「白雪號」原本是行駛於金澤～秋田的急行列車暱稱，之後雖然停駛，但2015年3月14日又趁著北陸新幹線長野～金澤路段通車，重啟「白雪號」並投入急列車的運行。同時也是連接越後心動鐵道（妙高躍馬線）的新井或直江津與新潟的特急列車。

行駛區間：新井、上越妙高～新潟　行駛距離：153.0km（新井～新潟）　所需時間：2小時8分鐘（1號）　列車班次：5列次往返（其中3列次往返的起迄站為直江津）　表定時速：71.7km（1號）

「白雪號」車廂編組

號車	3號車	2號車	1號車
普通車	普通車	普通車	普通車
自由席	自由席	指定席	指定席
←新潟		上越妙高、新井→	

藍色與紅色線條在雪地裡更顯耀眼的E653系「白雪號」

E657系

投入營運：2012年　編組：10節　供電方式：直流
1500V、交流20000V　最高速度：130km/h

E657系是為了汰換用在「超級常陸號」與「Fresh常陸號」的E653系而開發，於2012年3月17日投入營運的車輛。

以「成田特快」所使用的直流式E259系為藍本設計而成，車體採用鋁合金，力圖輕量化。同時搭載VVVF控制裝置，讓車輛在加減速時更順暢。會以モハE657型與モハE656型交互搭配的方式，編成電力動車組。

列車的綠色車廂與普通車廂皆為4排座，全席設有插座，亦配置桌子，方便乘客使用筆電。

常陸號 JR東日本

駛入上野東京線的常磐線特急列車

此列車從1969年10月1日開始運行，是重新啟用常磐線的門面，暱稱為「常陸號」的特急列車。當年雖是使用651系車輛，但2012年3月17日起切換為E657系。期間雖一度分成「超級常陸號」與「Fresh常陸號」運行，但之後又再度整合為「常陸號」。「常陸號」能駛入上野東京線，連接起品川與磐城。全車皆為指定席。

行駛區間：品川～磐城　行駛距離：222.0km　所需時間：2小時33分鐘（1號）　列車班次：15列次往返　表定時速：87.1km（1號）

常磐號 JR東日本

連接上野與勝田、高荻的常磐線特急列

「常磐號」（ときわ）是在2015年3月14日，取代「超級常陸號」的列車。「常磐號」其實原本是1958年6月1日誕生，行駛上野～平（現在的磐城）的準急列車暱稱，但升格成急行列車便於1985年3月14日廢除，行駛路段讓給「常陸號」，而「常磐號」這個暱稱也在睽違30年後重新回歸。與「常陸號」的不同之處在於所有班次皆以上野為起訖站，且全為指定席。

行駛區間：上野～勝田、高荻　行駛距離：123.3km（上野～勝田）　所需時間：1小時25分鐘（上野～勝田·53號）　列車班次：下行23列、上行21列（其中4列次往返起訖站為高荻）　表定時速：87.0km（53號）

「常陸號」車廂編組

	1號車	2號車	3號車	4號車	5號車	6號車	7號車	8號車	9號車	10號車
	普通車	普通車	普通車	普通車	綠色車廂	普通車	普通車	普通車	普通車	普通車
	指定席	指定席	指定席	指定席	指定席	指定席	指定席	指定席	指定席	指定席

←品川　　　　　　　　　　　　　　　　　　　　　　磐城

「常磐號」車廂編組

	1號車	2號車	3號車	4號車	5號車	6號車	7號車	8號車	9號車	10號
	普通車	普通車	普通車	普通車	綠色車廂	普通車	普通車	普通車	普通車	普通
	指定席	指定席	指定席	指定席	指定席	指定席	指定席	指定席	指定席	指定

←上野　　　　　　　　　　　　　　　　　　　　　　勝田、高

「常陸號」與「常磐號」中，每30分鐘一列次的E657系，車窗下方的線條為紅梅色

681系

投入營運：1995年　**編組**：3、6節
供電方式：直流1500V、交流20000V　**最高速度**：130km/h

　681系是JR西日本為了提升北陸本線的速度所開發，經長時間測試後，於1995年4月20日正式亮相，投入新設的「超級雷鳥號」（スーパー雷鳥），行駛於大阪～富山、和倉溫泉間。其後更

將2000番台投入北越急行的北北線，特急「白鷹號」就此誕生。

　此車輛的設計最高速度為160km，但行駛於JR線內的時速為130km，並在北北線實現以160km的時速行駛。在北陸本線會以基本6節外掛3節車廂的9節編組行駛，駛入七尾線的列車則會分割併結成3節後繼續運行。

　車體以普通鋼打造，搭配VVVF變頻控制裝置，以及無枕梁式轉向架。

　目前「雷鳥號」已切換為後繼的683系車輛，以名古屋為起訖站的「白鷺號」則與683系共同運行中。

白鷺號 JR 西日本

從名古屋駛入北陸本線的特急列車

　「白鷺號」是1964年10月1日東海道新幹線通車之際，同時亮相的北陸本線特急列車。當初使用的車輛為485系，是連接名古屋與富山的特急列車，設定班次為1列次往返。目前的起訖站為金澤或米原，與683系共同運行。

行駛區間：名古屋、米原～金澤　**行駛距離**：256.5km　**所需時間**：2小時58分鐘（1號）　**列車班次**：16列次往返（其中8次往返的起訖站為米原）　**表定時速**：86.5km（1號）

「白鷺號」車廂編組（一例）

6號車	5號車	4號車	3號車	2號車	1號車
普通車	普通車	普通車	普通車	普通車	綠色車廂
自由席	自由席	自由席	指定席	指定席	指定席

←名古屋　　　　　　　　　　　　　　　　金澤→

貫通型的681系列次雖然不多，但目前是投入「雷鳥號」的運行

由681系運行的「白鷺號」，車身有藍色及橘色線條

能登Kagaribi號 JR西日本

連接金澤與和倉溫泉的特急列車

能從北陸本線駛進七尾線，連接和倉溫泉的特急班次雖不多，但當中設定有「雷鳥號」、「白鷺號」、「白鷹號」列車。2015年3月14日北陸新幹線通車時，針對整個行駛體系進行重整後，「能登Kagaribi號」（能登かがり火）就此誕生。中途的金澤～津幡路段會經過第三部門的IR石川鐵道管轄範圍，連接起金澤與和倉溫泉。

行駛區間：金澤～和倉溫泉　行駛距離：71.0km　所需時間：58分鐘（1號）　列車班次：5列次往返　表定時速：73.4km（1號）

「能登Kagaribi號」車廂編組（一例）

6號車	5號車	4號車	3號車	2號車	1號車
普通車	普通車	普通車	普通車	普通車	綠色車廂
自由席	自由席	指定席	指定席	指定席	指定席

←金澤　　　　　　　　　　　　　和倉溫泉→

等著從福井站出發的「早安特快」

Dinostar號 JR西日本

短時間就能來往福井與金澤兩地的特急列車

連接福井與金澤的特急列車，於2015年3月14日北陸新幹線通車時投入運行。下行班次行駛於一大清早，上行班次則為晚上9點過後，屬於典型的通勤通學用特急列車，共3往返列次。以外的時段仍有假日停駛的下行「早安特快」（おはようエクスプレス）與上行「晚安特快」（おやすみエクスプレス）列車。

行駛區間：福井～金澤　行駛距離：76.7km　所需時間：49分鐘（5號）　列車班次：1列次往返　表定時速：93.9km（5號）

「Dinostar號」車廂編組（一例）

3號車	2號車	1號車
普通車	普通車	普通車
自由席	自由席	自由席

←福井　　　　　　金澤→

3節編組，行駛於七尾線的681系「能登Kagaribi號」

683系

投入營運：2001年　編組：3、6節　供電方式：直流1500V、交流20000V　最高速度：130km/h

隨著485系逐漸老舊，於是開發681系作為替換，而681系的後繼車輛則為683系。683系車體採用鋁合金材質打造，力求輕量化。同時搭載了VVVF變頻控制裝置與PWV整流器，以期提高控制能力，並搭配無枕梁式轉向架，於2001年3月13日開始投入運行。

除上述差異外，683系的基本規格與外觀沿襲681系，此外還能與681系共用。

北陸本線的招牌特急列車「雷鳥號」雖然由683系獨占鰲頭，但「白鷺號」、「Dinostar號」及「能登Kagaribi號」仍是與681系共同運行。

雷鳥號 JR 西日本

從大阪駛入北陸本線的特急列車

「雷鳥號」是1997年3月22日誕生，行駛於大阪～富山、和倉溫泉的特急列車。當初雖以485系運行，但之後切換為681系，目前投入683系車輛。採基本6節加上外掛3節的9節車廂編組。

行駛區間：大阪～金澤　行駛距離：267.6km　所需時間：2小時43分鐘（1號）　列車班次：24列次往返（其中1往返的起訖站為和倉溫泉）　表定時速：98.5km（1號）

翻修整新後的683系繪有雷鳥圖騰

白鷺號 JR 西日本

作為北陸本線的特急列車運行

起訖站為金澤或米原的北陸本線特急列車，與681系共同運行。（詳情參照P61）

行駛區間：名古屋、米原～金澤　行駛距離：256.5km　所需時間：3小時1分鐘（7號）　列車班次：16列次往返（其中8列次往返的起訖站為米原）　表定時速：85.0km（7號）

「雷鳥號」車廂編組（一例）

1號車	2號車	3號車	4號車	5號車	6號車	7號車	8號車	9號車
普通車	普通車	普通車	普通車	普通車	普通車	普通車	普通車	綠色車廂
指定席	指定席	自由席	自由席	自由席	指定席	指定席	指定席	指定席

←大阪　　　　　　　　　　　　　　　　　金澤→

「白鷺號」車廂編組（一例）

6號車	5號車	4號車	3號車	2號車	1號車
普通車	普通車	普通車	普通車	普通車	綠色車廂
自由席	自由席	指定席	指定席	指定席	指定席

←名古屋　　　　　　　　　　　　金澤→

客量較大的期間，會以12節編組運行的683系「雷鳥號」

Dinostar 號 JR 西日本

典型的通勤通學用特急列車

「Dinostar號」目前投入683系與681系運行，但主流為683系。（詳情參照P62）

行駛區間：福井～金澤　行駛距離：76.7km　所需時間：49分鐘（1號）　列車班次：2列次往返　表定時速：97.9km（1號）

能登Kagaribi 號 JR 西日本

北陸新幹線通車時誕生的列車

連接金澤～和倉溫泉的特急列車。（詳情參照P62）

行駛區間：金澤～和倉溫泉　行駛距離：71.0km　所需時間：58分鐘（1號）　列車班次：5列次往返　表定時速：73.4km（1號）

「Dinostar號」僅清早與夜晚行駛於福井～金澤路段

「能登Kagaribi號」車廂編組（一例）

6號車	5號車	4號車	3號車	2號車	1號車
普通車	普通車	普通車	普通車	普通車	綠色車廂
自由席	自由席	指定席	指定席	指定席	指定席

←金澤　　　　　　　　　　　　　　　　　和倉溫泉→

行駛於已成一片銀白世界的七尾線上，6節車廂編組的683系「能登Kagaribi

通勤型
近郊型

電車/通勤型（直流式）

103系

投入營運：1963年　**編組：**2、3、4、6、8節　**供電方式：**直流1500Ｖ　**最高速度：**100km/h　**特色：**日本首款開發作為通勤用，同時彌補了101系弱點的新型車輛

103系是繼101系，開發作為通勤型主力電車的車輛。卓越性能深受好評，因此大量生產長達21年之久。除了首都圈的山手線外，亦投入京濱東北線、近畿圈的阪和線等主力區，相當活躍於通勤運輸上。

因製造歷程悠久，期間持續改良，如搭載有車上訊號式AT（列車自動控制系統）4型的1000番台登場後，便投入常磐線的營運。其後推出中央本線與總武緩行線用的1200番台、九州筑肥線用的1500番台、八高線與川越線用的3000番台和3500番台、播但線用的3500番台、加古川線用的3550番台。但隨著車輛持續老舊而逐漸淘汰，103系從JR東日本完全消失，部分車輛則改造成105系。目前103系使用於近畿圈的大阪路線、大阪東線、奈良線、阪和線、阪和線羽衣支線、和田岬線、加古川線與JR九州的筑肥線等。

JR 西日本 車身有著「OSAKA POWER LOOP」圖案標誌的大阪環狀線103系車輛於2017年10月退役

JR 西日本 阪和線支線的103系。目前僅剩此線與和田岬線仍有水藍色塗裝的車輛

JR 西日本 漆上「鶯色」（譯註：帶灰的橄欖綠）的103系行駛於大和路線（關西本線）的JR難波～天王寺

JR西日本 加古川線電氣化後投入的3550番台，屬一人服務車

JR西日本 投入播但線姬路～寺前電氣化路段的2節編組3500番台

JR九州 JR九州塗裝成紅色的1500番台為3節車廂編組，投入筑肥線的運行

105系

投入營運：1981年　編組：2節　供電方式：直流1500V
最高速度：100km/h

105系是為了汰換掉用在電氣化地方線路的舊型車輛開發而

成，可短編組行駛。以103系改造的車輛又能細分為0番台、100番台、500番台、550番台、600番台，組成クモハ105型＋クハ105型，以及クモハ105型＋クハ104型的列車。

105系雖然也曾用在JR東日本的仙石線，但目前僅歸JR西日本所有，使用在和歌山線、櫻井線、紀勢本線、山陽本線、福鹽線、宇部線、小野田線、吳線、可部線，行駛於上述路線的列車皆採短編組。

JR 西日本
駛於和歌山線的4門105系，採用在地色系青綠單一色的簡單塗裝

JR 西日本 駛越紀勢本線日置川鐵橋的105系，該列車為3門設計

JR 西日本

使用於山陽本線的105系，
是以2節編組×2的4輛型
式運行

JR 西日本

宇部線2節編組的105系，屬一人服務車

107系

投入營運：1988年　**編組**：2節　**供電方式**：直流1500V
最高速度：100km/h

107系的規格類似105系，皆是3門的縱向長椅式車款，並

搭配一段式的下降車窗。雖說是通勤型車輛，卻設有盥洗室。製造上則是重新利用165系的零件以降低成本。除了0番台外，還有目前已退役的100番台，原本行駛於信越本線橫川～輕井澤路段，須靠EF63型牽引且經「橫輕對策」改裝。

原本只有製造27列54節，為數稀少，其後大幅減少輛數，最初投入2節車廂15編組的列車使用於兩毛線全線與新前橋～高崎間的上越線，但也都在2016年9月退役。

JR 東日本　曾行駛於兩毛線，但目前已退役。車身帶有線、粉線條，又被稱為三明治電車

201系

投入營運：1979年　編組：6、8節　供電方式：直流1500V
最高速度：100km/h

201系是開發用來替換103系的通勤型主力車輛。搭載電□□再生制軔系統，以及國鐵首次導入的閘流體斬波器，力圖節□□表現。同時採用空氣彈簧式台車，改善搭乘舒適性。

201系剛開始是投入首都圈中央本線通勤區間的快速列車□□運，其後亦用在總武本線的緩行線上。接著雖然投入了京葉□的運行，如今卻已完全退出JR東日本，目前僅被用在JR西日□大阪環狀線、櫻島線、大和路線、大阪東線的通勤通學運輸上□

JR 西日本

換上哈利波特主題，駛於
櫻島線的201系

JR 西日本

橘色的201系列車僅行駛
於大阪環狀線與櫻島線

JR 西日本　鶯色的201系，是相當活躍於大和路線（關西本線）與大阪東線的主力車輛

205系

投入營運：1985年　編組：2、3、4、6、8節　供電方式：
直流1500V　最高速度：100km/h

205系是用來取代103系的通勤型車輛，於1985年3月在山手線首度登場。

為追求節能、省力、低成本，車輛本身導入相當多的新系統外，亦搭載了首度實際運用的激磁控制系統。

這是國鐵首度以百分之百全不鏽鋼打造的車體，外層採無塗裝設計，側面則貼有顯示行駛區間的顏色貼紙。另一方面，台車搭載輕量化的無枕梁式轉向架，大幅減輕車體重量。

JR東日本目前仍保留非常大量的205系，可見於仙石線、首都圈的京葉線、武藏野線、川越線、八高線、橫濱線、相模線、南武線支線、鶴見線、東北本線及日光線。依線路可分為2、3、4、8節車廂編組。JR西日本則是剩下阪和線的運行，採4節或6節編組。

JR東日本　仙石線用的3100番台，車身有著藍色色帶，屬縱向長椅式車輛

JR東日本　無論是目的地字體或褐色塗裝皆充滿復古氣圍的日光線205系

JR東日本　原本運行於京葉線，目前改成湘南色，行駛於宇都宮線（東北本線）的車輛

JR東日本　使用在八高線、川越線的3000番台，車身帶有橘色及鶯色色帶

JR 東日本

曾用在山手線的205系改造車，改成了行駛於武藏野線，車身裏上橘色色帶的車輛

JR 東日本 鶴見線1100番台，曾行駛於崎京線及山手線的改造車，採3節車廂編組

JR 東日本 前方予以變更的205系，駛於京葉線、武藏野線無車裙

JR 東日本 行駛於南武線支線尻手～濱川崎路段的1000番台，屬一人服務車

R東日本 相模線用的500番台，不同於一般車輛的特殊設計非常吸引目光

R西日本 6節車廂編組的阪和線205系，車身裹著天藍色色帶

207系

投入營運：1991年　編組：3、4、7節　供電方式：直流
1500V　最高速度：120km/h　特色：國鐵首款搭載VVVF變
頻控制系統之車輛

207系之名源自國鐵在1986年，第一次也是最後一次製造了
10節採用VVVF變頻控制系統的車輛，其後投入了常磐（緩行
線與地下鐵千代田線的營運。

目前的207系則與國鐵毫無相關，是JR西日本新開發的車
輛，搭載VVVF變頻控制系統與無枕梁式轉向架。現在仍有480
節車輛，以3節、4節、7節編組，活躍於東海道本線、山陽本
線、福知山線、JR東西線、學研都市線等路線上。

JR 西日本 投入行駛於東海道本線、各站停靠列車的207系，相當廣泛運用在關西地區。
前3節為2000番台，提升了馬達輸出功率

JR 西日本 寶塚線（福知山線）的207系，漆有橘、白、藏青色線條，前4節車廂為0番台

209系

投入營運：1993年　編組：4、6、8、10節　供電方式：
直流1500V　最高速度：85～110km/h（依路段不同）

209系被作為繼205系的次世代通勤型電車，以「壽命合理化、貫徹新造價格、免維修」為概念，沿襲901系的實績開發而成。除了用來汰換逐漸老舊的103系，更力圖強化運輸能力。

1992年開始試營運後，隔年便投入京濱東北線與南武線的運行。車輛搭載有VVVF變頻控制裝置。

相當活躍於中央・總武緩行線、內房線、外房線、東金線、鹿島線、京葉線、常磐緩行線、八高線等首都圈的通勤運輸上。

JR 東日本

駛入東京 Metro 千代田線的1000番台，僅2節編組

JR 東日本　身裹淡黃色色帶的500番台，為中央・總武緩行線的主力車輛

JR 東日本

使用在武藏野線的500番台車身裹著橘色色帶，前方為FRP（纖維強化塑膠）蓋板

JR 東日本

八高線、川越線的3100番台，以東京高速臨海鐵道的車輛改造而成

JR 東日本 駛於內房線、外房線等千葉地區的2000、2100番台，車身裹著黃色與藍色色帶

303系

投入營運：2000年　編組：6節　供電方式：直流1500V
最高速度：85km/h

303系是JR九州在1999年，為了唯一一條直流電路段的筑肥線所開發，並於隔年1月投入營運，可駛於筑肥線及相連的福岡市營地下鐵。筑肥線在過去長年使用103系營運，但為了因應運輸需求量的增加，於是開發了303系。針對安全部分，除了搭載ATC（列車自動控制系統），亦裝配有對應地下鐵線的ATO（自動駕駛系統）。

九州 從筑肥線駛入福岡市營地下鐵的303系，紅與黑的塗裝讓人覺得沉穩

305系

投入營運：2015年　編組：6節　供電方式：直流1500V
最高速度：85km/h

305系是為了讓筑肥線能相連福岡市交通局空港線，直通運行唐津線唐津～西唐津路段，以及汰換掉逐漸老舊的103系所開發，於2015年2月5日投入營運。305系與303系同屬6節編組，幾乎每15分鐘就有一班車。車體以鋁合金打造，搭載VVVF變頻控制裝置及無枕梁式轉向架。

九州 駛於筑肥線寧靜田野的305系，與303系皆能駛入福岡市營地下鐵

電車／近郊型（直流式）

113系

投入營運：1963年　**編組：**2、4節　**供電方式：**直流1500V
最高速度：110km/h

　　111系在1962年登場後，113系便以繼任者之姿於隔年運行。控制車與附隨車沿襲111系，馬達卻更有力，成為直流式近郊型電車的標準，長年生產製造。為符合投入路線的需求，

除基本番台外還有多款車輛，編號甚至達2700番台。

　　113系過去雖包含外掛3節車廂，以多達15節的超長編組，活躍於首都圈及關西圈的幹線，但因車輛逐漸老舊，上場的機會也隨之減少。目前已完全退出JR東日本與JR東海，JR西日本則仍有超過100節以上的113系車輛，投入東海道本線、湖西線、草津線、紀勢本線、山陽本線、舞鶴線、宇野線、吳線、可部線等路線的運行。不同路線雖會有不同編組，但幹線基本上採4節、地方線則採2節編組。此外，JR四國亦保留著少許車輛，投入予讚線及土讚線的運行中，全數皆採4節車廂編組。

JR 西日本　裏上在地深綠色系的113系，使用於草津線與湖西線

JR 西日本　主要投入紀勢本線御坊～紀伊田邊路段運行的藍綠色2000番台

西日本 駛於岡山地區的113系，單純塗上瀨戶在地色系的深黃色車輛反而變得相當顯眼

四國 JR四國保留的113系4節編組列車，有粉搭紅、淡藍搭綠的配色車輛

115系

投入營運：1963年　**編組：**2、3、4節　**供電方式：**直流
1500V　**最高速度：**100km/h

115系從1963年開始生產長達20年之久，製造數量達1921輛，是名聲非常響亮的直流式近郊電車。當初是為了汰換80系，以113系為藍本開發而成。

為符合營運路線的需求，更搭載耐寒耐雪結構，或是將車門改成能切換為自動與半自動式，確保冬天的車內室溫，投入相當多的功夫。

目前JR東日本與JR西日本仍保留有超過400輛115系，如今已不見過去多節車廂的長列編組，但改成2、3、4節的短編組列車後，還是相當活躍。目前行駛的區間為JR東日本的信越本線、上越線、羽越本線、白新線、越後線、彌彥線、吾妻線、兩毛線、篠之井線，以及JR西日本的山陽本線、赤穗線、宇野線、伯備線、本四備讚線、山陰本線、舞鶴線與吾線。

JR東日本 車身裹著深淺2種綠色，駛於新潟地區的115系

JR東日本 與前述顏色的列車同樣投入新潟地區，但改漆成深淺藍色的115系

轉讓第三部門的信濃鐵道

信濃鐵道是隨著1997年10月1日，北陸新幹線（當時稱為「長野行新幹線」）東京～長野通車之際，從信越本線切割出輕井澤～篠之井路段而來，為全長65.1km的第三部門鐵道。在小諸與JR小海線相接，並在上田與北陸新幹線相連，還可從JR篠之井線進入信越本線，朝長野方向前進。

信濃鐵道繼續沿用115系車輛，但顏色改成紅與灰，與行駛於此區域的JR 115系差異甚大，能輕鬆分辨。

駛抵長野站的信濃鐵道115系

JR 東日本　活躍於上越線等路線，目前停放在高崎車輛基地，令人相當懷念的湘南色115系，如今僅剩3節編組

JR 西日本　切妻形狀的クモハ114型，圖為2節編組的115系

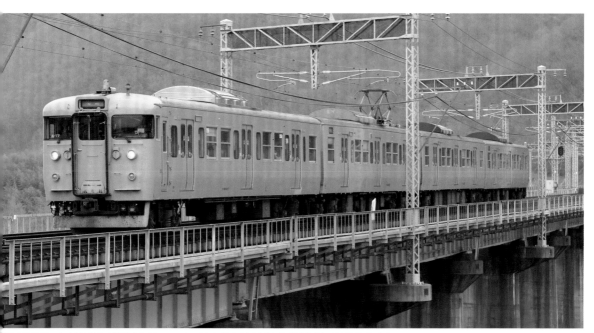

JR 西日本　車身裹著在地深黃色的115系，是山陽本線姬路到下關路段使用的主力車輛

JR 西日本　白色搭配褐色、藍色線條，人稱體質改善色的0編組

JR 西日本　3000番台採雙門、4節編組，為翻背式橫向座椅

117系

投入營運：1980年　**編組**：4、6、8節　**供電方式**：直流
1500V　**最高速度**：110km/h　**特色**：國鐵首款搭載自動連
接分離裝置之車輛

投入京阪神地區、作為新快速電車運行的153系，因老舊綻
故，無法與幾乎行駛於相同區間的阪急電鐵京都線、京阪電鐵
京阪本線競爭，於是開發了117系以提升競爭力。

117系不僅搭載國鐵首次導入的自動連接分離裝置，亦考量
到投入湖西線，配有耐寒與耐雪裝置。為了與阪急、京阪相抗
衡，前頭車設有部分的縱向長椅，其餘全為翻背式橫向座椅。
目前行駛於湖西線、草津線、和歌山線、紀勢本線等路線。

JR 西日本 深綠色的117系，活躍於湖西線與草津線

JR 西日本 漆成新快速色，駛於湖西線的117系，目前此新
快速色的車輛編組被使用在臨時或活動列車上

JR 西日本 紀勢本線仍在使用的117系，車身裹著在地
的藍綠色

JR 西日本 駛於山陽本線岡山地區，搭配一段式的下降車窗的1
番台

121系

投入營運：1987年　**編組**：2節　**供電方式**：
直流1500V　**最高速度**：100km/h

121系是為配合予讚線與土讚線部分路線電氣
化，於1987年國鐵時代末期登場的車輛，無法
與其他型號的車輛併結運行。車體以輕量不鏽鋼
打造，力圖輕量化，為求尺寸更小型化，寬幅也
壓在2800㎜；制軔系統則採電力制軔。

無論今昔，皆相當活躍於予讚線與土讚線的電
氣化路段。

JR 四國 不鏽鋼車身繞著藍色色帶，整新翻修後，更名為7200系

123系

投入營運：1987年　**編組**：1節
供電方式：直流1500V　**最高速度**：80km/h　**特色**：以載貨電車改造之車輛

　　JR集團的電車雖然為數眾多，但123系可說是目前既有車款最獨特者。123系的前身為クモニ143型、クモユニ147型、クモヤ145型，皆為載貨電車。由於國鐵時代後期貨運需求大減，這些路線必須投入搭載雙駕駛室的車輛，於是將載貨電車改造成123系。

　　123系過去隸屬JR東日本，目前僅剩5輛，駛於山陽本線宇部～下關路段、小野田線、宇部線，以單節編組運行。

JR西日本
駛於宇部線，原本是載貨電車的123系，車內設有廁所

125系

投入營運：2003年　**編組**：1節　**供電方式**：直流1500V
最高速度：85km/h

　　125系是2003年3月15日，趁小濱線全線電氣化之際投入的車輛。2004年12月19日加古川線全線電氣化時，同樣投入加古川線的運行。期間歷經3次改造，總共生產18輛。125系與123系同樣是搭載雙駕駛室的單行車輛。車體為不鏽鋼製，力圖輕量化，並搭載VVVF變頻控制裝置。平常為單節運行，但也可增為2節編組。為讓人欣賞沿線風光，車廂設有5片相連的大車窗，使車內明亮。

　　目前14輛投入小濱線、4輛投入加古川線的運行。

JR西日本
以單節編組行駛小濱線的125系，車身裹著鮮豔的翡翠綠色帶；相連的大車窗搭配上單臂式集電弓，外型相當醒目

JR西日本
為配合加古川線電氣化而投入的125系，採單節車輛運行。

83

E127系

投入營運：1995年　編組：2節　供電方式：直流1500V
最高速度：110km/h

E127系是為了汰換掉行駛於新潟、長野地區，逐漸老舊的165與169系所開發的車輛，於1995年投入營運。採VVVF變頻控制裝置，並搭載電力指令式空氣制軔，以及再生、抑速電力制軔系統。

目前以2節編組行駛於彌彥線、越後線、大糸線、篠之井線、中央本線、信越本線等。此外，隨著北陸新幹線的通車，也把部分車輛轉讓給民營化的越後心動鐵道。

JR東日本　用在大糸線的E127系，塗裝方式則是依照駛於松本地區的115系

JR東日本　活躍於新潟地區的E127系，消光色車身裹著深淺2種綠色的色帶

E129系

投入營運：2014年　編組：2、4節　供電方式：直流1500V
最高速度：100km/h

新潟地區長年使用著已經老舊的115系，而E129系就是開發作為替代的車輛。此外，隨著北陸本線的通車，JR東日本將10輛E127系轉讓給民營化的越後心動鐵道，致使車輛數量不足，因此須製造新車也是決定開發的理由之一。車體為全不鏽鋼製的耐寒耐雪結構。供電方式則為電力指令式空氣制軔，同時搭載再生制軔與電力制軔。

目前採2節編組，行駛於信越本線、羽越本線、白新線、越後線、上越線、彌彥線等。

JR東日本　取代115系的不鏽鋼車輛，有2節與4節編組，車身色帶的粉色與黃色分別代表朱鷺及稻穗

211系

投入營運：1985年　編組：2、3、4、6節　供電方式：直流
1500V　最高速度：120km/h

211系是為了汰換111系、113系、115系，於國鐵時代末期登場的車輛。車體採輕量不鏽鋼，搭載無枕梁式轉向架，不僅達輕量化效果，結構上也更加節能，控制方式則為激磁控制。211系裡也有民營化後JR東海新製的車輛，初期車輛的最高速度為110km，經改造後，不少車輛的時速皆提升至120km。目前用來投入JR東日本的兩毛線、吾妻線、信越本線、篠之井線、大糸線，以及JR東海的東海道本線、中央本線、關西本線等路線運行。

JR 東日本

中央東線主力的211系，淡藍色與綠色的色帶搭配又被稱為長野色

JR 東海

駛於中央西線的211系為5000番台，車身裹著湘南色色帶

JR 東日本　駛於兩毛線的211系3000番台，規格屬寒冷地區用，縱向長椅式車款

213系

投入營運：1987年　編組：2、3節　供電方式：直流1500V
最高速度：110km/h　特色：國鐵最後的新系列車輛

隨著投入岡山地區運行的115系逐漸老舊，於是開發213系作為替換。213系是在國鐵時代末期的1987年3月，開始投入宇野線的營運。

213系沿襲117系1000番台及211系的基本規格，但車體為不鏽鋼製，力圖輕量化，同時搭載無枕梁式轉向架。為求降低成本，機器設備則極力與211系統一。

JR東海大垣車輛基地與JR西日本岡山車輛基地目前各有28輛213系，投入JR東海飯田線、JR西日本山陽本線岡山以東、宇野線、伯備線、赤穗線的運行。山陽本線採2節或3節編組，其餘路線則全為2節編組。

JR 西日本

駛於伯備線，身裹水藍色
與藍色色帶的213系，車
內採翻背式橫向座椅

JR 東海　JR東海的213系為5000番台，車身帶有湘南色線條，為雙門2節編組

215系

投入營運：1992年　**編組：**10節　**供電方式：**直流1500V
最高速度：120km/h

215系是為了提升東海道本線的速達性，以及保證有座位的

通勤運輸為目的，於1992年4月登場的車輛。為了增加載運人數，除了2節前頭車皆採雙層設計，車體為不鏽鋼製。普通車廂的座位使用法國製框架，搭配夾有反射板的固定側窗。

當初除「湘南Liner號」外，亦投入快速「Acty號」，如今則已退出營運。目前使用於小田原～新宿的「早安Liner新宿號」（おはようライナー新宿）與「Home Liner小田原號」（ホームライナーおだわら），皆為平日運行。

JR 東日本

雙層設計的215系，前方與部分車門以紅豆色作點綴，週六、假日常調派作為臨時列車

E217系

投入營運：1994年　**編組：**11節　**供電方式：**直流1500V
最高速度：120km/h　**特色：**首款4門的近郊型車輛

E217系是為了汰換駛於橫須賀・總武快速線上，明顯老舊的113

系所開發，更是首款4、5號車為雙層綠色車廂的近郊型電車。

1994年12月開始營運，並於1999年12月完成113系的汰換作業。雖然有段時間也曾投入東海道本線的運行，但隨著2015年3月上野東京線的通車，運行路線又回歸到橫須賀・總武快速線上。

車體以輕量不鏽鋼打造，搭配無枕梁式轉向架以及VVVF變頻控制裝置。

JR 東日本

取代113系，活躍於橫須賀・總武快速線的E217系。前方設計獨特的不鏽鋼車身裹著「橫須賀色」色帶

221系

投入營運：1989年　編組：2、4、6、8節　供電方式：直流
1500V　最高速度：120km/h　特色：JR西日本開發的首款
近郊型電車

221系於1989年3月登場，是考量投入新快速列車的117系

已經老舊，再加上為了汰換掉同樣逐漸老舊的113系所開發而
成。光基本編組就可分為2、4、6、8節，還能將這些車輛自由
組合運用，因此前頭車設有自動連接分離裝置，中間車輛則設
有永久連接裝置，是機動性相當高的車款。

但1994年4月投入233系後，221系便退出新快速列車的運
行，目前多半作為6節車廂編組的快速列車。運用上主要也採6
節編組。另外亦投入嵯峨野線、湖西線、大和路線、大阪環狀
線、奈良線、櫻井線、和歌山線等路線。

JR 西日本

施予體質改善工程
的221系，前照燈
改為HID式，並強
化車裙

JR 西日本　行駛東海道本線採8節編組，前頭車設有防墜擋板

223系

投入營運：1994年　編組：2、4、6、8節　供電方式：直流
1500V　最高速度：120km/h

223系是1994～2008年期間，生產量高達927輛，都市內與都市近郊用的直流式電車，時至今日仍廣泛運用，幾乎所有車輛皆服役中。最初於1994年4月1日投入營運，作為連接關西機場用列車。為方便機場使用者，車輛採用普通車廂較為少見的1＋2人的3排翻背式橫向座椅。由於多年生產，除了基本的0番台，另有1000、2000、2500、5000、5500、6000番台。駛至關西機場以外的車輛則為2＋2人座位配置。

車體以不鏽鋼打造，搭載VVVF變頻控制裝置以及無枕梁式轉向架。

目前主要運用在大阪環狀線、阪和線、紀勢本線普通列車、關空快速、紀州路快速列車（以上為4節編組）、東海道本線、山陽本線、草津線、湖西線普通／快速／新快速列車（以上為4、6、8節）、福知山線普通列車、丹波路快速列車（以上為4節）、宇野線、舞鶴線（以上為2節），亦可駛至JR四國的高松。除小濱線、和歌山線等路線，是非常活躍於JR西日本電氣化區域，可說幾乎涵蓋所有路線的車輛。

JR西日本 以關西機場用列車之姿登場的0番台，車身帶有藍白漸層色

JR西日本 駛於關西地區，東海道・山陽本線主力的2000番台，車身裹著白、褐、藍、米色的色帶

JR西日本 使用於阪和線「紀州路快速」的223系2500番台

JR 四國

瀬戸大橋線「Marine Line」用的223系為2節編組的50番台,可與JR四國的5000併結

JR 西日本

福知山線「丹波路快速」的6000番台,為了駛入JR東西線,前頭車備有2組集電弓

JR 西日本 2節編組的5500番台,照片為連結成4節後行駛於山陰本線的列車,屬一人服務車

225系

投入營運：2010年　編組：4、6、8節　供電方式：直流1500V　最高速度：120km/h

225系是為了投入東海道・山陽本線快速、新快速、關空快速、紀州路快速列車為目的所開發的車輛，並自2010年開始運行，可說是繼223系的新一代車輛。

車體以不鏽鋼打造，搭載VVVF變頻控制裝置及無枕梁式轉向架。目前行駛於東海道本線（快速、新快速）、大阪環狀線、阪和線（關空快速、紀州路快速）、福知山線（丹波路快速）。

西日本　JR西日本新一代車輛的225系，前方車窗為黑框，車身帶有白、藍、褐色的細色帶

JR 西日本　使用在阪和線的6節編組5100番台，前照燈形狀不同，自2016年7月開始運行

JR 西日本

投入福知山線營運時，從0番台變更為6000番台的225系，前方帶有細細的橘色線條

227系

投入營運：2015年　編組：2、3節
供電方式：直流1500V　最高速度：10km/h

由於大多數行駛於廣島縣都市圈的車逐漸老舊，因此繼225系後，開發了227系，並自2015年3月14日開始吳與山陽本線糸崎～岩國路段的運行。後亦投入了可部線、山陽本線福山～崎路段、同線的由宇～德山路段，營至今。

車體採不鏽鋼製，搭載無枕梁式轉向VVVF變頻控制裝置。

JR 西日本　有著「Red Wing」暱稱的227系，相當活躍於以廣島地區為中心的山陽本線、吳線、可部線

E231系

投入營運：2000年　**編組**：5、10、11節　**供電方式**：直流 1500V　**最高速度**：120km/h　**特色**：JR東日本標準款的近郊型電車

　　E231系與E233系都可說是代表著首都圈，數量龐大的車種。會這麼說也很合理，因為E231系是JR東日本開發的標準款的近郊型直流式電車，生產數量達2736輛。時至今日，絕大多數的

車輛仍活躍於東海道本線、山手線、常磐線為主的幹線。10節編組中，內含2節的雙層綠色車廂。

　　E231系基本上延續了209系與E217系的設計構思，但同時融合既有的通勤型與近郊型的規格，成為相當具代表性的跨時代車輛。車內搭載運用IT技術的TIMS（列車資訊管理系統），成功減少車內配線，大幅降低保養需求。車體為不鏽鋼製，並採用無枕梁式轉向架。

　　目前活躍路線除了前述的東海道本線、山手線、常磐線之外，亦大幅運用在伊東線、湘南新宿線、上野東京線、東北本線、川崎線等路線。

JR東日本

駛於湘南新宿線的近郊型E231系配有2節綠色車廂，車身裹著湘南色色帶

JR東日本　隸屬國府津車輛基地的E231系，外掛5節車廂，以15節編組駛於東海道本線上

JR東日本
2000年開始投入中央・總武緩行線營運的E231系，連接起有著6門的車輛

JR東日本
裹著藍綠色與鶯色色帶的0番台，為常磐快速線及成田線的主力車輛

JR東日本
中央・總武緩行線與東京Metro東西線直達運行用的800番台，前頭車前方設有緊急逃生門

東日本
上鶯色的山手線500番台，著新型E235系的增加，這車輛便換成了淡黃色，並駛中央・總武緩行線

E233系

投入營運：2006年　**編組**：4、6、8、10節　**供電方式**：直流1500V　**最高速度**：120km/h　**特色**：JR東日本擁有最龐大勢力的近郊型車輛

E233系與E231系可說都是代表著首都圈通勤通學區間的車款，E233系的總生產數量超過3000輛，是JR東日本為數最多的車輛。2016年再次增產，預估今後仍會持續製造。

E233系原本是為了從能從中央本線駛入青梅線、五日市線所開發，但之後更以東京都為中心，大範圍活躍於群馬、埼玉、千葉、神奈川區域。

車輛導入了車外廣播、終點顯示器採全彩色的LED等，隨處可見新技術；控制方式則為VVVF變頻控制，並採用無枕梁式轉向架。

E233系雖然投入了京葉線、內房線、外房線、東金線、東北本線、高崎線、京濱東北線、橫濱線、根岸線、南武線、中央本線、青梅線、五日市線、八高線、埼京線、川越線、常磐緩行線等首都圈許多區段，但主要皆以10節編組運行，部分路段則會採4、6、8節的短編組行駛。全車皆為普通車廂，唯獨「湘南新宿線」的4、5號車為雙層綠色車廂。

JR東日本

首都圈的通勤型電車代表，京濱東北線1000番台的線條為藍色

JR東日本　0番台是在2006年於中央線登場，並有編入綠色車廂的規劃

JR 東日本

可從常磐線駛入東京 Metro 千代田線、小田急線的2000番台，前頭車前方設有緊急逃生口，與其他的E233系造型不同

東日本

郊型3000番台有連線色車廂，亦可與31系併結，相當活於東北、高崎、東道本線等路線

JR 東日本

以酒紅色線條做裝飾的5000番台，能從京葉線駛入外房線或內房線

JR 東日本

投入橫濱線營運行駛的
6000番台，車身有著
「YOKOHAMA LINE」
的標誌，白天亦被作
為快速列車使用，能
駛入根岸線

JR 東日本

飾有綠色線條的7C
番台，可駛入埼
線、川越線、東京
海高速鐵道

JR 東日本

8000番台是用在南
武線上，自2015年
10月投入運行，車
身有著以沿線為概
念的圖案標誌

E235系

投入營運：2015年　編組：11節　供電方式：直流1500V
最高速度：120km/h

E235系是為了投入山手線所開發之車輛，屬於繼E231系、E233系的新一代車款。2015年11月開始運行於山手線上。目前以11節車廂的列車編組投入山手線。車體為不鏽鋼製，搭載VVVF變頻控制裝置，以「與乘客、社會溝通的車輛」為主軸開發而成。

JR東日本　鶯色車身搭配黑色漸層窗框的山手線E235系，是2015年登場的山手線的新成員，並規劃在2018年以前替換掉E231系

311系

投入營運：1989年　編組：4節　供電方式：直流1500V
最高速度：120km/h

311系是為了增開東海地區新快速班次所推出的車輛，但新快速的運行轉讓給後來開發的313系，目前的311系使用於名古屋～武豐的區間快速與武豐線的普通列車上。

車體採輕量不鏽鋼結構，但前頭車前方的左右兩側使用了大塊的曲面玻璃。控制則採串並聯組合的電阻控制與激磁控制。

JR東海　運用在東海道本線、武豐線上，車身裏著象徵JR東海企業形象色的橘色帶，並採用翻背式橫向座椅

313系

投入營運：1998年　編組：2、3、4、6節　供電方式：直流
1500V　最高速度：120km/h、130km/h（8000番台）

分割民營化時，JR東海接收了許多國鐵旗下的103系、113系、115系、117系、119系、165系等車款，而這些車輛也漸趨老舊。為進行汰換，於是開發了313系，並於1998年10月開始投入中央西線、東海道本線、御殿場線的運行。

車體為輕量不鏽鋼製，僅前頭部分為普通鋼。製造歷程長達15年之久，因此除了基本的0番台，還可分成1000、1100、1300、2000、2500、3000、5000、8000番台，依投入的路線作運用。

313系使用於東海道本線的普通電車／快速／新快速、御殿場線、身延線、中央本線、關西本線、武豐線、飯田線，可說幾乎涵蓋JR東海的電氣化路線。除御殿場線與身延線為固定式椅背，其餘皆為翻背式橫向座椅。

JR東海
駛於電氣化的武豐線上，2節編組的1300番台，屬一人服務車

JR東海
御殿場線的313系為3節編組的2600番台列車，為因應彎道路段，搭載了電力制軔

JR東海 駛於東海道本線的313系，前頭為白色的不鏽鋼車輛裏著象徵JR東海企業形象色的橘色帶

JR東海

曾配置於中央西線，採固定人數制通勤用列車「Central Liner」所使用的8000番台，目前則與其他313系併結運行

東海

置於大垣電車區的00番台，相當活躍東海道本線的JR東區間

321系

投入營運：2005年　　**編組**：7節　　**供電方式**：直流1500V
最高速度：120km/h

因使用於關西地區，東海道本線及山陽本線通勤圈的201系與205系普通列車逐漸老舊，於是開發了321系作為汰換用。2005年12月開始運行，車輛的4門設有半自動開閉裝置。

車體為不鏽鋼製，並使用無枕梁式轉向架。車外放有布幕式及LED式終點顯示器，車內則設置了19吋液晶螢幕。

321系使用於東海道本線、山陽本線，亦可駛入福知山線，全為7節車廂編組。

西日本　投入JR西日本區間的東海道本線及山陽本線的321系，亦使用在福知山線的通勤區間

323系

投入營運：2016年　**編組**：8節　**供電方式**：直流1500V
最高速度：100km/h

323系的開發計畫是「大阪環狀線改造專案」的執行項目之一，並且於2016年12月24日開始投入大阪環狀線與櫻島線的運行。

車輛搭載VVVF變頻控制裝置，使用無枕梁式轉向架。

車內全採縱向長椅，車門與車門間為10人座，車廂前後則分別為3人座，採8節編組。

JR西日本

於2016年開始投入大阪環狀線與櫻島線運行的323系，前方的曲線設計相當獨特

5000系

投入營運：2004年　**編組**：3節　**供電方式**：直流1500V
最高速度：130km/h

5000系是專門作為行經瀨戶大橋，連接起岡山與高松，JR四國快速列車「Marine Liner」所開發的車輛。

往高松方向的前頭車，是以JR東日本E217系為藍本打造的雙層車輛，2樓為綠色車廂指定席，1樓則為普通車廂指定席。剩餘2節車廂則以JR西日本的223系為基礎開發而成，行駛性能亦等同223系。

除此之外，車內設有車門開閉鈴、LED式資訊顯示器，以及無障礙廁所。

快速列車「Marine Liner」從早晨至深夜設有多列班次，但幾乎都是採5000系與2節223系的5節併結運行。

JR四國

5000系是JR西日本快速列車「Marine Liner」的專用車輛，大多會與JR西日本的223系併結運行

6000系

投入營運：1996年　編組：3節　供電方式：直流1500V
最高速度：110km/h

6000系是為了汰換掉老舊愈趨明顯的111系所開發之車輛。2編組共計6節車輛，數量不多。車身形狀與一般的近郊型相同，幾乎是直接拷貝211系與213系。車內的橫向座椅採桶型設計（Bucket Seat），中間為翻背式，頭尾及車窗處則為固定式座椅。

目前投入予讚線、土讚線、瀨戶大橋線等路線運行。

JR 四國　活躍於瀨戶大橋線、予讚線、土讚線，但僅生產了2列3節編組，共計6節車輛，屬於少數派

7000系

投入營運：1990年　編組：1節　供電方式：直流1500V
最高速度：110km/h

7000系是1990年11月21日，予讚線伊予北條～伊予市的電力

延伸工程完工後，為強化都市間運輸能力所製造的車輛。車體為輕量不鏽鋼製，並採用VVVF變頻控制裝置。

駕駛室為半開放式，可分為兩端皆有駕駛室的7000型與僅單側設有駕駛室的7100型。

基本雖為1節車廂編組，但最多可以4節行駛。

目前主要會在通勤通學時段，運行於予讚線的電氣區間、土讚線多度津～琴平路段。

JR 四國　運行於予讚線及土讚線電氣區間的7000系

7200系

投入營運：2016年　編組：2節　供電方式：直流1500V
最高速度：110km/h

　　7200系並非新造車，而是以國鐵時代末期登場的121系改良而成。改造時，考量與7000系的連接運行，於是將最高速度100km

提升至110km，並從電阻控制變更為VVVF控制。除更加輕量化外，甚至採用能加強行駛穩定性、新開發的「efWing轉向架」。

　　座椅則一邊為縱向長椅，另一邊為面對面座椅。為了強調節能，車身側面放有「eco7200 series train」的標誌。JR四國預計將剩餘的121系全切換為7200系。

　　7200系與121系一樣，都是以2節編組的形式行駛於予讚線及土讚線上。

JR 四國　乍看是新型號的7200系改裝自121系，採2節編組，車身裹著紅、白、綠色色帶，行駛於予讚線及土讚線的電氣化區

M250系

投入營運：2004年
編組：16節
供電方式：直流1500V
最高速度：130km/h

　　以往的貨物運輸基本上都會以機車牽引著貨車，但就在大宗貨物運輸量減少的同時，宅急便等小宗貨運需求隨之增加。JR貨物所開發的M250系貨物電車，就是為了因應這樣的運輸需求變化。M250系自2004年3月13日開始運行，有著「SUPER RAIL TRAIN」的暱稱。

　　採16節編組，行駛時最高速度可達130km。

JR 貨物

就幾乎都以機車牽引的貨物列車而言，M250系算是別具特色，採16節編組運行

電車／近郊型（交流式）

701系

投入營運：1993年　**編組**：2、3、4節　**供電方式**：交流20000V　**最高速度**：110km/h

701系是為了汰換調配置於東北地區的客車，提升運輸效率而開發的車輛。車體雖為不鏽鋼製，但前方備有可做連接的風擋，並在車門內外分別設置按鈕式的半自動開閉裝置，同時於側窗導入熱線吸收玻璃，省去安裝窗簾。

1993年6月投入秋田地區後，運行路線便開始擴及東北各地，以2節～4節編組，行駛於奧羽本線、東北本線、津輕線、仙山線、常磐線等，幾乎涵蓋所有的電氣化路線。

部份701系車輛亦轉讓給第三部門的IGR岩手銀河鐵道（型號為IGR7000型）及青森鐵道。

堪稱是代表著東北地區門面的近郊型電車。

JR東日本　駛於田澤湖線的標準軌用5000番台，車身裹著紫色及粉色色帶

JR東日本　以3節編組行駛於津輕線的701系。秋田車輛基地的701系有著粉色色帶

JR 東日本 繼秋田地區後，亦投入盛岡地區的701系。不鏽鋼車體前方使用深淺2種紫色

JR 東日本 運用在東北本線、常磐線的100番台。前方為綠色，側邊則有紅綠線條

JR 東日本 隨著山形新幹線新庄站的啟用，以標準軌用車輛之姿登場的701系。負責米澤～新庄路段的運行，屬一人服務車

713系

投入營運：1983年　編組：2節
供電方式：交流20000V　最高
速度：100km/h　特色：JR九州
首款交流專用電車

　713系是用來因應短編組運行所誕生的車輛。以2節編組行駛，然而製造輛數僅有4列，共計8輛。是JR九州開發的首款交流專用電車。

　控制方式為閘流體控制，能行駛於25‰的坡度上。713系自投入營運至今，尚無報廢車輛，仍持續運行在宮崎縣內的日豐本線上。

JR九州 鮮紅色塗裝的719系暱稱為「Sunshine」，運行於日豐本線延岡～南宮崎等路段

719系

投入營運：1989年　編組：2節　供電方式：交流20000V
最高速度：110km/h

　719系是為了汰換掉使用於仙台地區的急行型車輛所開發的交流專用車款。為降低成本，直接沿用特急用車輛的轉向架。控制方式為閘流體控制，車體為3門不鏽鋼製，車門之間則配置了3片車窗。

　以2節編組行駛於東北本線、磐越西線，以及變更軌距的奧羽本線上。

JR東日本
以會津地區的鄉土玩具「紅牛」（赤べこ）為圖案標誌，人稱「あかべぇ」樣式的719系，不斷切換成E721系的同時，719系也隨之淘汰

JR東日本 以4節編組運行的標準軌用5000番台。奧羽本線的福島～米澤間會與山形新幹線使用相同的路線

721系

投入營運：1988年　**編組：**3、6節
供電方式：交流20000V　**最高速度：**130km/h　**特色：**JR北海道首款不鏽鋼製車輛

　　721系是藉著札幌車站高架化的機會，以強化札幌近郊的運輸力為開發目的，於1988年11月3日投入營運的車輛，同時也是JR北海道首次採用不鏽鋼材質的車款。

　　為因應與高速公路的競爭，JR北海道強化了高速性與加速性的表現，使最高速度達130km。初期車輛採閘流體控制，後期製造的車輛則改為VVVF變頻控制，並使用無枕梁式轉向架。

　　車廂內部採用翻背式橫向座椅等，改善服務表現。除了使用在機場快速「Airport號」（エアポート）外，亦投入札沼線的運行。「Airport號」用車輛還設有更舒適的「U-Seat」座位。

JR北海道 以快速列車「Airport號」為中心，相當活躍於札幌地區的721系。期與後期車輛的內裝不同，採3節或6節編組運行

E721系

投入營運：2007年　**編組：**2、4節
供電方式：交流20000V　**最高速度：**110km/h

　　之所以開發製造E721系，是為了汰換掉仙台地區逐漸老舊的455系、457系、717系，以及投入2007年3月18日通車的機場Acess線（空港アクセス線，仙台～仙台機場間）營運，讓列車能駛入第三部門鐵道的仙台機場鐵道。車輛採用VVVF控制及無枕梁式轉向架。

　　車體以輕量不鏽鋼打造，設有3門，基本上為2節編組。可分成在來線用的0番台及機場用的500番台，另外還有仙台機場鐵道公司發包的STAT721型。後2款車輛設有行李放置區，搭載能夠因應駕駛一人包辦所有業務的半自動門。除機場Acess線，亦使用在東北本線、常磐線、仙山線。前兩條路線與機場Acess線為2、4節編組，仙山線則為4節編組。

JR東日本 使用在東北本線、常磐線、仙山線的E721系0番台，外觀塗裝不同相當容易分辨

JR東日本 帶有櫻花色線條的4節編組1000番台，自2016年起投入東北本線常磐線、仙山線的運行

731系

投入營運：1996年　編組：3、6節
供電方式：交流20000V　最高速
度：120km／h　特色：JR北海道首
款近郊型通勤用車輛

　731系是為了汰換掉長年作為札幌地區主力的711系，繼821系後所開發，並於1997年3月22日改點後投入營運的車輛。

　車體為不鏽鋼製，採用VVVF變頻控制及無枕梁式轉向架。車內配置縱向長椅，是JR北海道首款近郊型通勤用車輛。731系在車門附近設有氣簾，在冬天能達保暖效果。此外，731系還有一項特色，那就是能與同時期開發的キハ201系協調運轉。

　目前運行於函館本線、千歲線、札沼線上。

JR北海道　JR北海道首款近郊型通勤用車輛，車身裹著萌木色（黃綠色）及紅色色帶

733系

投入營運：2012年　編組：3、6節
供電方式：交流20000V　最高速
度：120km／h

　733系是為了導入事後開發的新技術，以及無障礙空間需求，以731系為藍本開發的車輛。首先投入2012年3月17日啟用，介於桑園～北海道醫療大學間的札沼線電氣化路段，並於2012年6月1日正式運行。接著又在2年後的2014年7月19日投入機場快速「Airport號」。普通電車為3節，快速則採6節編組。

　車體為不鏽鋼製，採VVVF控制及無枕梁式轉向架。車內設有3門，配置縱向長椅。

　目前使用在快速「Airport號」、千歲線、札沼線上。

JR北海道　活躍於札幌周圍與函館本線、千歲線、札沼線的0番台3節編組列車，3000番台則以6節編組，投入快速「Airport號」的運行

JR北海道　隨著北海道新幹線的通車，開始投入函館～新函館北斗路段的「函館Liner」，使用的車輛為1000番台

735系

投入營運：2012年　編組：3節　供電方式：交流20000V
最高速度：120km/h

735系是繼721系後，為了汰換掉長年活躍於札幌地區的主力711系所製造的車輛，自2012年開始營運。

車內採用縱向長椅，並於車門附近設置氣簾，在冬天能達保暖效果。735系也是JR北海道首款推出的近郊型通勤用車輛。

車體以鋁合金打造，採VVVF變頻控制、無枕梁式轉向架。由於鋁合金材質過去未曾使用於寒冷地區，因此735系也被當成是評估合適性的試驗車輛。

目前投入函館本線、千歲線、札沼線等路線運行。

JR北海道 金屬銀色的鋁合金車體。2列3節編組列車歸札幌車輛基地所屬，主要運用在函館本線上

811系

投入營運：1989年　編組：4節
供電方式：交流20000V　最高
速度：120km/h

為了改善並增強北九州地區都市間的運輸，於是在1989年以汰換421系的方式，開發了811系。

811系與713系的車體同樣以不鏽鋼打造，雖搭載無枕梁式轉向架，但控制方式分為初期0、100番台的閘流體控制與1500番台的VVVF變頻控制。車內配置翻背式橫向座椅，這其實也是為了能投入快速列車所設定的配置。

目前投入鹿兒島本線、長崎本線、日豐本線的普通及快速列車等路線運行。

JR九州 前頭的駕駛室下方有著「NEW RAPID TRAIN 811」的字樣，採4節編組，置翻背式橫向座椅

813系

投入營運：1994年　**編組**：3節　**供電方式**：交流20000V　**最高速度**：120km/h　**特色**：JR九州首款採用VVVF變頻控制的車輛

　813系可說是JR九州開發的標準近郊型電車，並於1994年3月先投入了北九州地區。原則上為3節編組，能與811系併結運行。基本的0番台雖為2節編組，但之後也改編為3節。控制方式則為JR九州首次導入的VVVF變頻控制。

　目前活躍於鹿兒島本線、長崎本線、日豐本線這些幹線。

JR九州　以鹿兒島本線為中心相當活躍的813系，由於採短編組，因此也能駛入該地區的支線

九州　隸屬南福岡車輛基地的1100番台，前方呈圓弧狀，並將終點顯示器加大

JR九州　隸屬直方車輛基地，主要活躍於筑豐線的100番台，採3節編組，並搭配500番台作為中間車輛

815系

投入營運：1999年　**編組**：2節　**供電方式**：交流20000V　**最高速度**：120km/h　**特色**：JR九州首款採用單臂式集電弓的車輛

　815系是隨著1999年10月1日，豐肥本線的熊本～肥後大津電氣化所投入的車輛，其後亦使用於鹿兒島本線及日豐本線。

　車體以鋁合金打造，採用VVVF變頻控制及無枕梁式轉向架。同時也是JR九州首款搭載單臂式集電弓的車輛。

　採2節編組，駛於鹿兒島本線的鳥栖～熊本、日豐本線的中津～佐伯，以及豐肥本線的熊本～肥後大津路段。

JR九州　以鹿兒島本線為中心，相當活躍的815系。鋁製車體搭配前方黑、紅、銀色的獨特配色，非常有自我風格

817系

投入營運：2001年　編組：2、3節
供電方式：交流20000V　最高速度：120km/h

817系是為了因應筑豐本線折尾～桂川與篠栗線路段的電氣化所開發，並於2001年10月6日開始營運。

車體是以鋁合金打造的雙皮層結構，VVVF變頻控制與無枕梁式轉向架的搭配，幾乎與JR九州的通勤型車輛規格相同。初期的0、1000、1100番台車內雖配置翻背式橫向座椅，但2000、3000番台更改為縱向長椅。

817系是先從筑豐本線與篠栗線開始營運，接著觸角不斷延伸，目前已擴及至鹿兒島本線、長崎本線、豐肥本線、佐世保線、日豐本線。與815系同為JR九州的主力車款。

JR 九州
以2節編組，大範圍行駛於JR九州電氣化路段，前方的「CT」標誌代表著「Commuter Train」（通勤電車）

JR 九州
1100番台加大了終點顯示器，照片為準備從鹿兒島本線的陣原進入筑豐本線的817系

JR 九州
3000番台採3節編組，活躍於鹿兒島本線。白色車身配上黑色車頭，給人精悍印象

電車／近郊型（直交流式）

413系

投入營運：2008年　編組：3節
供電方式：直流1500V、交流
20000V　最高速度：110km/h

413系是以其他車種改造而成的車輛，沿用了行駛於北陸地區的451系、453系、471系、475系、457系這些漸趨老舊的急行型車款的電裝設備、冷氣裝置及轉向架，僅車體為全新打造。電動凸輪軸式控制與空氣彈簧轉向架等則是沿用457系的零件。

目前413系僅使用於北陸本線及七尾線上。

JR 西日本　整個車身裹上藍色的413系，現在已改成紅色。雙開式車門，並同時配置橫向及縱向座椅

西日本　駛於七尾線的413系，前頭車クハ455型仍保留急行型的風格。除了取消連廊，也改成同時有橫向及縱向座椅的配置

415系

投入營運：1971年　**編組：**3、4節　**供電方式：直流**
1500V、交流20000V　**最高速度：**100km/h

昭和30年代後半至40年代期間，國鐵製造了401系、403系、421系、423系及455系等相當多的直交流兩用急行型車輛，並活躍地運用在日本各地。雖然上述系列皆已報廢，但還有415系這個唯一僅存的車款，在交流電區間可同時對應50Hz、60Hz不同的頻率。

由於生產歷程長達15年之久，因此無論是車體材質、控制方式、轉向架型式皆相當多元。

目前雖仍保留有多輛415系，但隸屬JR西日本的數量稀少，僅行駛於北陸本線與七尾線。JR九州則數量較多，與其他車種一同活躍於鹿兒島本線、日豐本線這些幹線上。

JR 西日本　與413系一樣，皆以輪島塗為概念，塗裝成紅色的415系800番台，是以直流式113系改造而成

JR 九州　JR九州的415系，雖運行於鹿兒島本線與日豐本線，但也可以駛入本州

JR九州 不鏽鋼車體的1500番台。乍看之下雖不太一樣，但其實主要裝置皆相同

E501系

投入營運：1995年	編組：5、10節	供電方式：直流
1500V、交流20000V	最高速度：120km/h	

　　E501系是為了因應常磐線取手以北的運輸量大增，但考量該段為交流電區間，直流式電車無法駛入，於是自1995年12月起開始運行的車輛。也是同線交流電區間首見，採4門設計的近郊型通勤用車款。E501系雖然是以209系為設計基礎，但提升了輸出性能表現，最高速度可達120km。

　　過去使用在常磐線直交流兩用區間（上野～土浦），但目前也投入同線的交流電區間（土浦～草野）與水戶線上。

JR東日本 活躍於常磐線與水戶線的E501系，水戶線為5節編組運行

521系

投入營運：2006年　**編組**：2節　**供電方式**：直流1500V、交流20000V　**最高速度**：120km/h

521系是隨著北陸本線的長濱～敦賀路段、湖西線的永原～

近江鹽津路段直流電氣化所開發，能駛於兩線的普通電車用車輛，於2006年3月開始運行。其後雖然也投入了小濱線，但目前主要集中使用於北陸本線米原～金澤與湖西線近江今津～近江鹽津之間。

採VVVF變頻控制，車體以不鏽鋼打造，搭載無枕梁式轉向架。為了能讓駕駛一人包辦所有業務，車門採半自動式，車底與轉向架還裝設有防雪護罩。

JR 西日本　前方設計獨特的521系，僅能用在北陸本線上，設有防墜擋板

E531系

投入營運：2005年　**編組**：5、10節　**供電方式**：直流1500V、交流20000V　**最高速度**：130km/h　**特色**：JR首款最高速度達130km的普通列車用車輛

由於使用於常磐線的403系、415系逐漸老舊，於是開發了E531系作為替換用，並選在2005年7月開始營運，這其實也是為了與之後1個月就要通車的「TSUKUBA EXPRESS」相抗衡。車體以不鏽鋼打造，採VVVF變頻控制。

目前將近400輛的車輛除了投入品川～常磐線上野～勝田、高荻間的普通與快速列車，亦行駛於水戶線上。

JR 東日本　活躍於上野東京線、常磐線與水戶線的E531系，非常稱職地扮演著普通列車與快速列車的角色

混合動力車

EV-E301系

投入營運：2014年 編組：2節 供電方式：直流1500V＋鋰離子電池（630V）最高速度：65km/h

EV-E301系是把透過架空線供電的既有方式，結合搭載於車上的10顆蓄電池（鋰離子電池），達行駛目的之車輛。

暱稱的「ACCUM」其實是源自於蓄電池「accumulator」一字。車體以不鏽鋼打造，採VVVF變頻控制。2節車廂編組，全部皆配置縱向長椅，車內照明則使用LED。

2014年3月15日開始投入烏山線運行。在東北本線宇都宮～寶積寺間是以電車模式運行，進入非電氣化的烏山線時，則以搭載於車上的蓄電池行駛。

JR 東日本 從東北本線的寶積寺駛入烏山線。行駛於非電氣化的烏山線時，會拆下集電弓。駕駛室下方與車窗四周塗裝成綠色

EV-E801系

投入營運：2017年 編組：2節 供電方式：交流20000V＋鋰離子電池（1598V）最高速度：110km/h

EV-E801系為交流電專用的混合動力車，於2017年3月17日開始投入營運，連接起奧羽本線的秋田及男鹿線的男鹿。在電氣化區間的秋田～追分是以電車模式運行，進入非電氣化的男鹿線時，則改以鋰離子電池行駛。當蓄電池電量減少時，EV-E801系還能透過架空線的電流進行充電。

車體是以鋁合金打造的雙皮層結構，採VVVF變頻控制，搭載無枕梁式轉向架。車內全配置縱向長椅，並使用LED照明。EV-E801系的暱稱與EV-E301系同樣都是「ACCUM」。

JR 東日本 投入男鹿線運行的混合動力車。採2節編組的車輛是以當地傳統節日的生剝鬼節為設計概念，分別將車身塗裝成紅色與藍色。前方則有「OGA NAMAHAGE LINE」的標誌

BEC819系

投入營運：2014年 編組：2節 供電方式：交流20000V＋鋰離子電池（630V）最高速度：120km/h 特色：JR九州首款混合動力車

BEC819系是為了汰換掉逐漸老舊的キハ40系氣動車所開發的車輛，也是JR九州的首款混合動力車。開發時以「對人與地球的未來友善」為概念，融入了節能與環保意含，取了名為「DENCHA」的暱稱。「DENCHA」則是指「DUAL ENERGY CHARGE TRAIN」（搭載雙能量的列車）。BEC819系也正如其名，是款從集電弓接收電力，並搭載鋰離子電池的車輛。在設計上，則是能透過電氣化區間的架空線，於停車時充電。

車體以鋁合金打造，採VVVF變頻控制。

2016年10月19日開始投入筑豐本線若松～折尾的運行。

JR 九州 人稱「DENCHA」，JR九州的混合動力車。車體側面以白色為基調，車門的藍色相當明亮

事業用車

クモヤ143型

投入營運：1977年
供電方式：直流1500V

クモヤ143型為牽引車，是為了汰換掉已老舊的クモヤ90型，以及因應首都圈ATC化所開發之車輛。截至1980年共生產了12輛。目前2輛置於東京綜合車輛基地，川越車輛基地、新潟車輛基地、松本車輛基地則各剩1輛。

JR東日本 製造作為牽引車用的クモヤ143型，總計12輛，仍留有5輛

クモユニ143型

投入營運：1981年
供電方式：直流1500V

クモユニ143型是為了汰換掉身延線舊型國鐵所開發，用來運送郵件與貨物，共生產了4輛。クモユニ143型曾作為房總地區的送報用車，但目前僅剩2輛，隸屬松本車輛基地。現在已幾乎不見其蹤影，頂多就是偶爾來載運職員。

JR東日本 以運送郵件及貨物為目的的クモユニ143型，目前幾乎不見其蹤影

クモヤ145型

投入營運：1980年
供電方式：直流1500V

クモヤ145型可作為牽引車或救援車使用，24輛隸屬JR西日本。JR東日本高崎車輛基地的高崎支所仍保留1輛。這些クモヤ145型的牽引馬達、電動發電機及轉向架等，都是延用首都圈中央本線近代型國鐵始祖101系的設備並加以改造。

JR東日本 **JR西日本** 作為救援車使用的クモヤ145型，是數量相當多的業用車，目前仍有24輛隸屬JR西日本

145系
(クモル145型＋クル144型)

投入營運：1979年
供電方式：直流1500V

クモル、クル中的「ル」，其實是指日文「配る」（配給）的「る」。換言之就是配給車，延用101系的儀器及轉向架打造而成。目前僅剩JR西日本吹田綜合車輛基地還保留著1編組的145系。JR東日本雖然也有1編組隸屬東京綜合車輛基地，但如今早已報廢。

JR 西日本 照片為隸屬JR東日本的145系

MUE-Train

投入營運：2008年
供電方式：直流1500V

於2008年登場，隸屬JR東日本的試驗車。其曜稱源自於「Multipurpose Experimental Train」，意思是指多目的試驗車。

MUE-Train是為了提升在來線的製造技術，以209系改造而成的試驗車，採7節車廂編組。搭載ATS、ATC多款安全裝置，能針對各個項目進行試驗。

JR 東日本 曜稱的「MUE-Train」意指多目的試驗車

U@tech

投入營運：2008年
供電方式：直流1500V

人稱「U@tech」的試驗車，是以近郊型223系為原型車改造而成。採用クヤ212型＋サヤ213型＋クモヤ223型的3節編組。目前僅1編組配置於JR西日本的吹田工廠，用來進行在來線電氣化區間的技術試驗。

JR 西日本 曜稱「U@tech」的試驗車，於在來線的電氣化區間進行各種試驗

E491系

投入營運：1996年　供電方式：直流1500V、交流20000V

東日本旅客鐵道（JR東日本）的直交流兩用事業用電車，暱稱為「East i-E」。同時擁有過去的軌道檢測車マヤ34型與架空線檢測車クモヤ193型的功能。配屬於勝田車輛基地，用來作為訊號、通訊裝置、架高線測定裝置，以及軌道等項目之試驗。

JR東日本　目前隸屬勝田車輛基地，1節編組的E491系，能進行各種試驗

E995系

投入營運：2009年　供電方式：直流1500V

E995系原本是名為キヤE991型的測試用氣動車。將キヤE991型裝上集電弓改造成電車，是款搭載有蓄電池的混合動力試驗車。暱稱為「NE Train Smart電池君」（NE Train スマート電池くん）。不鏽鋼車體裝備有VVVF變頻控制裝置，於2009年登場。

JR東日本　從氣動車改造成電車的試驗車，人稱「NE Train Smart電池君」的混合動力車

JR
鐵道車輛型號

鐵道車輛的型號

　　無論JR還是其他私鐵的鐵道車輛，一定都會編列型號名稱與既有編號。這些數字是用來顯示車輛的車種，通常也是製造編號，因此可透過編號掌握該車輛的所屬資訊。

　　以下將針對JR旅客車（電車、氣動車、客車）、機車（電力機車、柴油機車、蒸汽機車），簡單說明如何辨別型號（省略貨物車）。

〔1〕旅客車

(1)旅客車的符號與語源

　　電車、氣動車與客車會依用途分類，並以不同的片假名加以區別。各用途的符號及語源如下。

符號	用　　途	語　　源
イ	舊1等車	依イロハ假名順序
ロ	舊2等車、綠色車廂	依イロハ假名順序
ハ	舊3等車、普通車廂	依イロハ假名順序
ネ	寢台車 （ロネ　A寢台） （ハネ　B寢台）	睡（**ネ**ル）
シ	食堂車	食堂（**シ**ョクドウ）
ユ	郵務車	郵務（**ユ**ウビン）
ニ	行李車	行李（**ニ**モツ）
フ	緩急車	煞車（**フ**レーキ）
テ	展望車	展望（**テ**ンボウ）
ヤ	事業用車	公務（役所，**ヤ**クショ）
エ	救援車	救援（キュウ**エ**ン）
ル	配給車	配給（クバ**ル**）
ヌ	暖房車	溫暖（**ヌ**ルイ）

(2)在來線電車的型號與製造編號

〈1〉功能符號

　　電車可依功能分成控制車（具駕駛室的駕駛車）、電動車（搭載馬達的動力車）與附隨車（無動力）；電動車又可細分控制電動車（具駕駛室和馬達的動力車）、中間電動車（具馬達的動力車）。對應符號（片假名）如右。

車　輛	符號
控制車	ク
控制電動車	クモ
中間電動車	モ
附隨車	サ

〈2〉供電方式符號

　　電車又可依行駛路線與供電方式，分為直流式、交流式（有50Hz區間用和60Hz區間用）、直交流式（50Hz區間用、60Hz區間用、50・60Hz區間用）。會以下述符號（數字）對應在百位數。

車　輛	符號
直流	1～3
交流	7、8
直交流	4～6
試作車	9

クモハ115-1026

〈3〉車輛類型符號

　　表示該車輛的類型。

　　會以下述符號（數字）對應在十位數。

類　型	符號
通勤型	0
近郊型	1～3
急行型	5～7
特急型	8
試作車	9

〈4〉系列中的奇數與偶數

　　個位數會使用該電車系列的尾數減去1後的數字。以「モハ」為例，會將擁有主控制器的型號列為奇數。

〈5〉製造編號

　　「－」（破折號）之後的數字串為製造編號。

　　從1開始編起。即便是相同的型號，只要規格或目[的]不同，就會在製造編號的千位數、百位數、十位處[加]入編號。

　　（例）モハ101-1000

　　會在改造過的車輛製造編號中，加入千位數、百[位]數作為區分番台。

　　（例）JR東海的變頻式冷氣車為5000番台

6〉舊型電車的型號表示

舊型電車以十位數表示車長、個位數表示車輛功能。

（例）クモハ40-074

車長20m，中短距離用的控制電動車，型號為
クモハ40型的75號車。

クモ……控制電動車

ハ……舊3等車（普通車）

4……車長20m、中短距離用

　　＊1、2：車長20m以下

　　　3～7：車長20m，中短距離用

　　　8：車長超過20m，長距離用

　　　9：事業用車等

0……電動車

　　＊0～4：電動車

　　　5～9：控制車、附隨車

074……製造編號（從0依序編號）

7〉新型電車的型號標示

新型電車會依供電方式與類型，加以區分。

（例）モハ114-1027

屬直流式近郊型電車115系1000番台，沒有主
控制器的中間電動車，為モハ114型的1027號
車。

モ……中間電動車

ハ……普通車

1……直流式

　　＊1～3：直流式

　　　7、8：交流式

　　　4～6：直交流式

1……近郊型

　　＊0：通勤型

　　　1～3：近郊型

　　　5～7：急行型

　　　8：特急型

　　　9：試作車

4……使用該系列的尾數減去1後的偶數

1027……製造編號

8〉JR 各社的特有符號

近來也常見JR各社編入自家特有符號的例子。
例如JR東日本會在型號開頭加入EAST的「E」。

（例）E127系、E135系等

JR東日本的十位數為5，JR東海的十位數為7，則代
表特急型。

（例）651系、373系等

JR西日本的221系，是將特規的Mc、M'、T、TC編
221型號，1M類型的M_1、T_1、T_{1c}則是220型號，
兩種型號統稱為221系。

JR四國會以四位數字標示型號，千位數的1～3代表
氣動車、6～8代表電車。百位數則代表Mc、T等型
號，十位數則是以1～99來表示車輛編號。

3）新幹線電車的型號與製造編號

國鐵時代的東海道・山陽新幹線、東北・上越新幹線
（包含山形新幹線與秋田新幹線）、北陸新幹線的編號方
式皆相同，但轉為JR後，開始出現各社特有的符號。其
最大的變化，就屬JR東日本會在型號最前面放入代

表「EAST」的「E」，JR西日本則會放入代表「NEW」的
「N」。但是也有例外的情況，例如2014年3月開始營運的
北陸新幹線車輛，為了與JR東日本的「E7系」作區隔，
因此命名為「W7系」。包含JR九州在內，各社的編號規
則如下。

JR東日本

百位數……系列

十位數……用途

　1＝綠色車廂

　2＝普通車廂

　4＝綠色車廂

　5＝普通車廂

個位數……種類

　1、2＝前頭控制電動車

　3、4＝前頭控制車

　5、6、7＝中間電動車

　8、9＝中間附隨車

JR西日本

百位數……系列

（僅北陸新幹線以W7標示）

十位數……用途

　1＝綠色車廂（700系）

　2＝普通車廂（700系）

　6、7＝綠色車廂

　　　（N700系）

　8＝普通車廂（N700系）

個位數……種類

　1、2＝前頭控制電動車

　　　（500系）

　3、4＝前頭控制車

　5、6、7、8＝中間電動車

JR東海

百位數……系列

十位數……用途

　1＝綠色車廂（700系）

　2＝普通車廂（700系）

　7＝綠色車廂（N700系）

　8＝普通車廂（N700系）

個位數……種類

　3、4＝前頭控制車

　5、6、7＝中間電動車

　8、9＝中間附隨車

JR九州

百位數……系列

十位數……用途

　2＝普通車廂（800系）

　6、7＝綠色車廂（N700系）

　8＝普通車廂（N700系）

個位數……種類

　1、2＝前頭控制電動車

（4）新系列氣動車符號

舉例說明如下。

（例）キロ181 183

特急型氣動車181系，キロ181型100番台的3號車。國鐵民營化後，各社便開始應用合適的開置號碼（JR四國的部分，請參考（2）〈8〉中，JR各社特有符號之內容）。

キ……氣動車日文（キドウシャ）的「キ」
ロ……綠色車廂
181……型號
　　＊百位數表示動力方式
　　　1、2：柴油引擎
　　　3：渦輪引擎
　　十位數表示類型
　　　規則與新型電車相同
　　個位數會使用系列尾數減1後的偶數
103……製造編號，從1依序編入。

（5）客車的型號與製造編號

〈1〉客車符號

從第一位符號開始，依序代表重量區分、用途、型式、製造編號。

（例）スハフ42-2034

代表車體重量為37.5～42.5噸的急行用普通緩急車，スハフ42型的34號車（附有電暖器）。

ス……重量區分
　＊コ：未滿22.5 t
　　ホ：22.5 t以上，未滿27.5 t
　　ナ：27.5 t以上，未滿32.5 t
　　オ：32.5 t以上，未滿37.5 t
　　ス：37.5 t以上，未滿42.5 t
　　マ：42.5 t以上，未滿47.5 t
　　カ：47.5 t以上

ハフ……用途
42……型號
　＊舊型客車（20系之前）的基本分類
　　10番台：輕量客車
　　30番台：戰前製造的車輛
　　40番台：戰後製的特急、急行用客車
　　60番台：鋼體改造客車
　　70番台：戰災復興客車
2034……製造編號，從1依序編入。
　　2000番台為附有電暖器的車輛。

〈2〉JR東日本特有符號

只有「仙后座號」使用的客車「E26系」最前頭有EAST的「E」。「四季島號」的客車型號編法並未對外公布。

〔2〕機車

（1）機車的動軸數

蒸汽機車、電力機車、柴油機車都是以動軸數作為記符號（數字）的依據（部分蒸汽機車例外）。軸數表的符號如下。

符號	B	C	D	E	F	H
動軸數	2	3	4	5	6	8

上述的軸數標示，蒸汽機車會顯示於第一個符號，力機車與柴油機車則是放在第二個符號。

此編號規則自1929年開始實施，此前的車輛也予變更，但蒸汽機車9600型與8620型維持不變。

（2）電力機車的型號與製造編號

〈1〉電力機車的代表符號

電力機車型號的最前方是代表電力機車的「E」，也是「Electric」的意思。

〈2〉電力機車的型號標示

英文字母之後的數字則依供電方式、性能等區分。

數字	性能與供電方式
10～29	最高速度未滿85 km的直流式電力機車
30～39	最高速度未滿85 km的直交流式電力機車
40～49	最高速度未滿85 km的交流式電力機車
50～69	最高速度超過85 km的直流式電力機車
70～79	最高速度超過85 km的交流式電力機車
80～89	最高速度超過85 km的直交流式電力機車
90～99	試作機車

舉例說明如下。
(例)EF64 1001
　　動軸數為6個，最高速度85km以上的直流式電力機車，EF64型1000番台的1號機。製造編號從1依序編入。

〉機車種類對應的型式編號

廢除以最高速度做區分，改依馬達類型分類的新方法。

型式編號	型式編號	型式編號
100 - 190		直流馬達
200 - 290	直流式	交流馬達
300 - 390		其他
400 - 490		直流馬達
500 - 590	直交流兩用	交流馬達
600 - 690		其他
700 - 790		直流馬達
800 - 890	交流式	交流馬達
900 - 990		其他

3)柴油機車的製造編號

〉柴油機車的代表符號

柴油機車型號的最前方是代表柴油機車的「D」，也就是「Diesel」的意思。

〉柴油機車的型號標示

英文字母之後的數字，則依性能等區分。
(例)DD51 745
　　動軸數為4個，最高速度85km以上的柴油機車，DD51型500番台的第245號機車。製造編號從1依序編入。

數字	性　能
0～49	最高速度未滿85km
0～89	最高速度超過85km
0～99	試作機車

4)蒸汽機車的型號與製造編號

蒸汽機車並沒有特有符號。代表動軸數的英文字母之後，只有用來區分水箱式與水櫃式的數字。

數字	區　分
0～49	水箱式蒸汽機車
0～99	水櫃式蒸汽機車

(例)C58 363
　　動軸數為3個，水櫃式蒸汽機車C58型的363號機。製造編號從1依序編入。

　　但在導入此規則之前製造的9600型與8620型機車，則依循下述規則。

數字	性　能
1～4999	水箱式蒸汽機車
5000～9999	水櫃式蒸汽機車

　　該兩款車種的1號機分別從9600番、8620番開始算起，且之後的製造車輛數眾多，因此9699號與8699號之後，就是在前方加1，變成19600號與18620號，重新編號。因此19600號代表101號機，18620號則代表81號機。
(例)58654
　　8620型水櫃式蒸汽機車的535號機車。

【混合動力車型號】

　　為了非電氣化地方路線所開發的混合動力車，目前有JR東日本電車款的EV-E301系與EV-E801系兩款、氣動車款的キハ-E200系與HB-E01系兩款，以及JR九州電車款的BEC819系，共計5款。由於JR九州僅一款混合動力車，難以判斷，但其實JR東日本也並未統一成能立刻辨別出混合動力車的型號。後續動向仍有待持續觀察，不過推測應該會維持現狀。

SAISHINBAN JR ZENSHARYO DAIZUKAN
© 2018 Takayuki Haraguchi, Hirokazu Inoue
All rights reserved.
Originally published in Japan by SEKAIBUNKA PUBLISHING INC.
Chinese (in traditional character only) translation rights arranged with
SEKAIBUNKA PUBLISHING INC. through CREEK & RIVER Co., Ltd.

出　　　版／楓書坊文化出版社
地　　　址／新北市板橋區信義路163巷3號10樓
郵 政 劃 撥／19907596　楓書坊文化出版社
網　　　址／www.maplebook.com.tw
電　　　話／02-2957-6096
傳　　　真／02-2957-6435
編　　　著／原口 隆行
攝　　　影／井上 廣和
翻　　　譯／蔡婷朱
責 任 編 輯／江婉瑄
內 文 排 版／楊亞容
港 澳 經 銷／泛華發行代理有限公司
定　　　價／350元
初 版 日 期／2020年5月

國家圖書館出版品預行編目資料

日本JR鐵道車輛全圖鑑. 1, 電車篇 / 原口隆行
編著; 蔡婷朱譯. -- 初版. -- 新北市：楓書坊文
化, 2020.05　面；　公分

ISBN 978-986-377-580-5（平裝）

1. 鐵路 2. 電車 3. 日本

557.2631　　　　　　　　　　　109002683